读史衡世·名相篇

大清宰辅 张廷玉

孙晟 ◎ 著

华中科技大学出版社
http://press.hust.edu.cn
中国·武汉

图书在版编目（CIP）数据

大清宰辅：张廷玉/孙晟著. -- 武汉：华中科技大学出版社, 2024.4
ISBN 978-7-5772-0628-8

Ⅰ.①大… Ⅱ.①孙… Ⅲ.①张廷玉（1672-1755）—传记
Ⅳ.①K827=49

中国国家版本馆CIP数据核字（2024）第054020号

大清宰辅：张廷玉
Daqing Zaifu: Zhang Tingyu

孙　晟　著

策划编辑：亢博剑	
责任编辑：田金麟	
责任校对：张会军	
封面设计：	
版式设计：曹　驰	
出版发行：华中科技大学出版社（中国·武汉）	电话：（027）81321913
武汉市东湖新技术开发区华工科技园	邮编：430223
印　　刷：天津中印联印务有限公司	
开　　本：880mm×1230mm　1/32	
印　　张：7.5	
字　　数：180千字	
版　　次：2024年4月第1版第1次印刷	
定　　价：49.80元	

本书若有印装质量问题，请向出版社营销中心调换
全国免费服务热线：400-6679-118　　竭诚为您服务
版权所有　侵权必究

前言

张廷玉，字衡臣，号砚斋，安徽桐城人，与其父张英先后入主中枢，成为历史上罕见的"父子宰相"。张廷玉是大清帝国二百多年历史中，唯一一位拥有"配享太庙"这一封建时代顶级荣誉的汉臣。他历仕康熙、雍正、乾隆三朝，身处大清帝国鼎盛之时。张廷玉深受标榜"一生经世致用，一手锦绣文章"的"桐城派"影响，秉持少说多做的为官之道、谨言慎行的处世哲学。他们门下弟子大多成为清代官场的能员干吏。张廷玉精通吏事，理政宽平，务实为民。作为皇帝最亲近的大臣之一，他理解口谕之准、起草文书之快，无人能出其右，且文稿皆称皇帝心意，基本不需修改，被雍正帝称为"大臣中第一宣力者"，乾隆帝称他"述旨信无二，万言顷刻成"。

康熙十一年（公元1672年），张廷玉出生于北京，幼年体弱，喜静善书，自幼博闻强记，过目不忘，深得父亲张英喜爱。史载张廷玉"少有气识，凝重安和，濡染家学，具经世实用"，"十龄诵《尚书》《毛诗》；十二能诗。年十六应童子试，学政李振裕嘉其文,拔置第六,再应乡试不第。年二十五,中式举人"。入京城参与会试这一年,也就是康熙三十六年(公元1697年),张廷玉之父张英被任命为会试主考,为了避嫌,张廷玉不得不放弃会试,回乡读书三年。其间结发妻子姚氏去世,让他的身心备受煎熬。康熙三十九年(公元1700年),张廷玉会试高中,进士及第,后被康熙帝拣选为庶吉士,入翰林院负责编纂《亲征平定朔漠方略》。这也拉开了他几十年宦海沉浮生涯的序幕。

康熙四十三年(公元1704年),康熙帝以张廷玉勤谨,特命其入直南书房。其后张廷玉作为近臣多次随康熙帝銮驾北巡蒙古,身体也在此期间得到锻炼,渐渐摆脱了幼年时的萎靡之态。

康熙四十七年(公元1708年),承德围猎,胤礽被废,朝廷立起夺嫡之争。就在各派势力跃跃欲试之时,张廷玉置身其中,谨慎少言,后以父亲张英病逝为由,回籍守孝,超然事外,得以保全。三年后,守孝期满,起复为官。张廷玉离开南书房赴礼部、刑部任职,结识了影响他一生的皇四子雍亲王胤禛。

前言

康熙帝晚年倦于政事，对立嗣的态度出现反复。朝堂之上，以太子胤礽为代表的势力和以皇八子胤禩为代表的势力明争暗斗，康熙帝的大部分成年皇子全都卷入其中，史称"九子夺嫡"。张廷玉在这场混乱的夺嫡斗争中，始终谨守其父张英"万言万当，不如一默"的八字箴言，兢兢业业，克己奉公，任劳任怨，专心国事。他对待行政事务的负责态度，引起了负责监管户部、吏部的皇四子胤禛的注意。

康熙六十一年（公元1722年），康熙帝在畅春园逝世。他死后，皇四子雍亲王胤禛继位称帝，改年号雍正，故称雍正帝。原本在康熙朝退出中枢、进入六部的张廷玉在雍正朝得到重用，重回中枢，入直军机，秉政一时。日常工作中，由于他博闻强记、文采一流，深受雍正帝器重，逐渐成为有清一代第一位实权汉臣。雍正帝登基后，为提高行政效率，解决西北用兵等多项问题，成立军机处，张廷玉成为第一批军机大臣之一。

雍正帝继位后，一方面解决以拥立功臣自居的隆科多、年羹尧这两个巨贪大蠹，铲除"八爷党"；另一方面开始了以"火耗归公""官绅一体当差纳粮""摊丁入亩"和"改土归流"为代表的改革。

"火耗归公""官绅一体当差纳粮"都与当时主管户部、吏部的张廷玉密切相关。新政的目的是解决明末以来朝廷财政积弱的根本问题，成功试行后迅速在全国推广。张廷玉在积极推动雍正帝的这两项新政上起到了重要作用。

"摊丁入亩"新税制主要的推行障碍在江南，大清帝国的财政收入也主要依靠江南，但这里自明末以来都被东林士族盘踞。这些东林士族依靠明末以来就有的官绅特权，大肆侵占田地却不缴纳赋税，导致国穷民弱。针对这些标榜清流的士族读书人，张廷玉支持雍正帝宠臣李卫出镇两江。李卫在两江全力推行"摊丁入亩"，一举革除弊政，挖断东林士族的经济命脉，极大巩固了大清帝国的统治基础。

"改土归流"这一政策出自云贵总督鄂尔泰之手，企图废除当地土司制，改为流官制，强化对兴安的控制。张廷玉对此多有不同意见，认为苗疆难治，不易深入，二人就此结怨。雍正十年（公元1732年），云贵总督鄂尔泰被召入京，官拜"保和殿大学士，兼兵部尚书，办理军机事务"，拉开了张、鄂党争的序幕。

雍正十三年（公元1735年），雍正帝去世，乾隆帝继位。张廷玉痛失最欣赏自己的领导。由于长时间执政中枢，多次成为会试主考，张廷玉以座师身份，在自己身边凝聚了一批汉族官员，以统领科举庶族官僚形成了"张党"。鄂尔泰久镇边疆，为八旗统领，身边的满族亲贵、边军将领、边地督抚和不满张廷玉的江南东林士族形成了"鄂党"。双方多次明争暗斗，最终两败俱伤。随着鄂尔泰在乾隆十年（公元1745年）去世，张、鄂党争画上了句号。

此后，张廷玉痛失长子，决定告老还乡。他唯盼乾隆帝秉持雍正帝遗诏，许他配享太庙，却因此数犯皇帝之忌，最终被迫放弃配享，致仕还乡。之后几年，张廷玉在安徽桐城家中安度晚年,于乾隆二十年(公元1755年)去世,享年八十四岁。

张廷玉死后,乾隆帝念其效力多年,尊重父亲遗命,还是给了他配享太庙的资格,让他能够长伴雍正帝身边。

纵观张廷玉的一生,作为雍正帝身边最能干的宰相,他恰似重剑无锋,在"万言万当,不如一默"的八字箴言的背后,是一位调和阴阳、佐理朝务的"衡臣"。而他作为一代汉臣,成为朝廷首辅,也在不断与种种势力抗衡。更重要的是,他突破了皇帝的压制,实现了自身的政治抱负。

张廷玉是幸运的。他被雍正帝选为历史见证者,是帮助大清帝国在入关之后,成功实现汉化的重要辅助人才。他谨慎寡言、少说多做,是雍正帝一系列改革措施能够成功推进并实施的重要助力。

目录

第一章 桐城文脉 父子宰相

第一节 东林党争 桐城兴起 002

第二节 张英入仕 始终谨慎 008

第三节 六尺之巷 家风熏陶 013

第二章 进士及第 翰林编修

第一节 病弱少年 静以修身 021

第二节 会试回避 痛失佳偶 026

第三节 进士出身 奉旨修书 033

第三节 敏行讷言 君子之风

第二节 九子夺嫡 处之泰然

第一节 吏部打虎 胤禛瞩目

第四章 万言万当 不如一默

第三节 主政刑部 出巡山东 042

第二节 丁忧守孝 回籍休养 047

第一节 天子近侍 北巡蒙古 055

第三章 随驾扈从 入直中枢

063　071　077

第五章 雍正登基 廷玉秉政

第一节 跻身枢臣 入直军机

第二节 世宗登基 年隆跋扈 089

第三节 调任户部 清理亏空 097

第六章 火耗归公 一体纳粮 103

第一节 滥征火耗 民不聊生 109

第二节 火耗归公 禁止乱派 115

第三节 免税免役 士人特权 124

第七章 摊丁入亩 江南始定

第一节 江南士族 东林势力

第二节 摊丁入亩 豪强作梗 137

第三节 范李之争 张相权衡 144

第八章 改土归流 西林入朝

第一节 荐才西南 改土归流 153

第二节 西北狼烟 西林掌兵 162

第三节 鄂相入京 廷玉不宁 171

第一节的页码为132

第十章　风骨之辩　太庙之争

第一节　屡遭弹劾　无心朝政　201

第二节　爱子离世　乞休心切　208

第三节　太庙之争　天子震怒　214

第九章　乾隆临朝　张鄂党争

第一节　苗疆叛乱　党争不断　179

第二节　鄂氏病逝　张氏退避　186

第三节　明史总裁　安心修书　194

第一章
桐城文脉 父子宰相

明末清初，政坛之上风云巨变。随着代表江南士人"无事袖手谈心性，临危一死报君王"的"东林党"跌落神坛，代表安徽、两湖士人"一生经世致用，一手锦绣文章"的"桐城派"逐步崛起。这不仅仅是文风的变化，更是传统社会士大夫阶层的一次大变革。

从清初方苞到清末曾国藩，"桐城派"的代表人物秉持"少说多做、谨言慎行"的处世哲学，逐渐成为清代官场能员干吏的代名词。出生安徽桐城的张英、张廷玉父子正是凭借其"始终谨慎"的处世原则，先后入主中枢，成为历史上罕见的"父子宰相"，也是"桐城派"兴起的代表人物。

第一节　东林党争　桐城兴起

张廷玉，字衡臣，号砚斋，安徽桐城人。他是整个清王朝历史中唯一拥有"配享太庙"这一封建时代顶级荣誉的汉族大臣。他历仕康熙、雍正、乾隆三位皇帝，身居中枢、襄赞帝王、协理政务，凡四十余年，还负责过编撰《明史》等重要工作。由他最终定稿的《明史》体例严谨、首尾连贯、内容翔实、文笔简洁。由于编纂时间充足，几代皇帝都十分重视，所以错误很少，是自清代以来史家公认的一部质量上乘的史著。

在这部全面记录大明帝国兴衰成败的历史著作中，张廷玉写明了自己对大明灭亡原因的根本认识：明亡于党争。根据《明史》记载，明代党争始于万历年间，早期齐、楚、浙三党势力均衡，左右言官舆论有声，随着以江苏无锡东林书院为聚集地的"东林党"开始发展壮大，他们推崇王阳明心学，在朝堂上对三党进行道德评判，最终将其全部逐出中枢。隆庆朝，东林党完全把持朝政，三党遂汇聚于大太监魏忠贤门下形成阉党，并用雷霆手段全面清除东林党。崇祯朝，东林党借皇帝之手，杀死魏忠贤，重新占据朝堂。但这些人勤于道德标榜，忙于内部斗争，对于内外交困的大明帝国毫无用处，以至于崇祯皇帝在万岁山上吊时，还说出了"诸臣误朕"这样的遗言。

奢谈心性的东林党逐渐被读书人所鄙弃。东林党罗列典故、堆砌辞藻、宣扬道德、忽视实务的文风也逐渐被文坛士子所唾弃。此时，安徽桐城戴名世提出"精""气""神"三主张，认为作文应"言有物""修辞立其诚"，不仅要随着时代的改变而有变化，还应有"独知"，这些观念后来又经方苞、刘大櫆、姚鼐等人丰富发展。他还提出要在思想上"阐道翼教"，在文风上"清真雅正"的主张，对抗醉心道德批判、缺乏实践能力的东林党人，逐渐在两湖、安徽、江西的读书人中形成影响，时人称之为"桐城派"。

"桐城派"兴起之地——安徽桐城，正是张廷玉家族世居之所。根据张廷玉回忆父亲和家族的一篇文章记载：张家原籍江西饶州，早年间也是诗书传家的读书人。元末乱世中为逃避兵祸，由老家逃至安徽桐城。此后，张氏家族定居桐城，继续耕读为业。经过百年传承，直至明隆庆年间，出现了一个让家族兴起的重要人物——张廷玉的高祖张淳。根据《明史》记载，张淳是隆庆二年（公元1568年）进士，考中后被授予金华府永康知县的官职。一般来说进士有机会留在中央任职，但张淳是家族中第一个考取功名的读书人，没有任何背景，所以只能接受安排，前往金华上任。

张淳的七品知县虽然官位不高，但他干得很有章法，因此被列入了《明史·循吏列传》。永康县为金华山区中一偏远小县,由于诉讼案件较多,在当时的官员眼里属于民风狡黠、难以治理之地,一般不愿意去这里任职。张淳到任后,却很快肃清了这些案件,让百姓们得到了满意的解决方案。当时老百姓打官司最怕迁延时日,耗时费神。张淳了解老百姓的诉求,积极提升办案效率,尽力在升堂当天就寻找到让双方都能接受的解决方案。最后老百姓到他这里诉讼打官司只需要准备一包饭,当天就把问题解决,民间由此给了他一个外号——"张一包"。由于他办案又快又准,当地百姓把他和北宋朝的"包青天"包拯相提并论。张淳一路升任礼部主事、郎中,其间因病回家休养,后又被起为建宁知府,最终升迁为陕西布政使(从二品)。知识改变了张家的命运,张淳从一介平民,通过自身努力做到二品大员,为张家的崛起奠定了基础。

张淳的长子、张廷玉的曾祖父名叫张士维。他擅长读书却不擅长应试,虽然十四岁就中了秀才,却一直没有考上举人,靠着父亲荫庇才当上抚州知府。但他知足常乐,擅长诗画,经常寄情于抚州山水之间,也算一代才子。他的长子、张廷玉的伯祖张秉文在万历三十八年(公元1610年)中进士,后累迁至山东布政使。崇祯十一年(公元1638年),清军南下劫掠山东,攻破济南,张秉文率军奋力抵抗,城破后全家殉国。

张廷玉的祖父张秉彝是张士维的三子。他的科举生涯也不顺利，崇祯年间靠着父兄的恩荫做了一个贡生。大哥张秉文殉国后，张秉彝在京城没了依靠，只得放弃贡生身份，回到桐城。此后，历经劫难的张秉彝终于放下"万般皆下品，唯有读书高"的想法，改行打铁种地，维持全家生计。就在他为了家人生计奔波忙碌之时，历史风云变幻，改朝换代的戏码在中华大地再次上演。

崇祯十七年（公元1644年），闯王入京，崇祯帝自缢，自洪武元年（公元1368年）建立的大明王朝宣告灭亡。李自成在北京仅仅几个月，就在山海关被吴三桂的关宁军与多尔衮的清军联合击败。随后，清军入主中原，用几年时间击败了李自成、张献忠等起义军势力，击破试图割据江南半壁的南明政权，建立了我国历史上最后一个封建大一统王朝，也是继大元之后我国历史上第二个由少数民族建立的大一统王朝——清朝。严格来说，"从龙入关"的大清军民总数不过二十多万，能战之兵不过十万左右。清军能够以这样少的兵力入主中原，并迅速完成统一，主要是因为明末农民起义和明朝内部党争耗尽了大明帝国的元气。顺治初年，实际掌握清政权的摄政王多尔衮认为，要以如此之少的兵力统治偌大国土和亿兆人民，就必须利用党争在汉族官僚和精英阶层中主动制造矛盾，这样才能确保人数占绝对劣势的满族贵族维系其统治。

为此，大清帝国开始一面起用明廷旧臣，一面故意在其中挑起党争，鼓励他们内耗。

大清帝国在入主北京后，起用的第一位明廷旧臣是被崇祯帝贬黜出朝廷中枢十多年的阉党"二号人物"冯铨。冯铨是河北涿州人，原本也是个少年天才，十九岁就中了进士，和父亲冯盛同朝为官，时人传为佳话。后来，冯盛、冯铨父子在党争中失势，同时被弹劾，罢官回乡。天启四年（公元1624年），冯铨利用魏忠贤到涿州进香的机会，投靠阉党，被魏忠贤引为头号心腹。而后在东林党杨涟、左光斗等人弹劾阉党魏忠贤之时，冯铨积极奔走，为保全阉党出谋划策，最终将东林党骨干一网打尽，大得魏忠贤欢心。于是，冯铨得以在三十岁就入阁秉政，时人称为"黑头相公"（意思是头发没白就当了宰相，形容其少年得志）。可是，天启帝不久后驾崩，崇祯帝继位，开始清算阉党，诛杀魏忠贤，罢免冯铨。原本冯铨的政治生命到这里就已经走到了尽头，不过人算不如天算，十多年后，大明帝国反倒先于冯铨走到了尽头。此时冯铨年近五十，意外得到了一次从头再来的机会。这位当年的大明帝国的"黑头相公"毫不犹豫地接受了大清帝国摄政王多尔衮的征召，回到北京，官复原职。不久，他和洪承畴一起奏请恢复了明朝内阁票拟制度，又按照明朝典章制定了清朝相应的宗庙礼仪等典章制度，成为清初重臣。

不久之后，随着南明政权灭亡，东林党领袖钱谦益也在南京投降豫亲王多铎。他被带回北京，充任明史馆副总裁，他的顶头上司就是冯铨。东林党和阉党的党争导致大明灭亡，可两派的领袖人物却在清朝宫廷中一起主编明史,这多少有些讽刺。两人积怨太深,当然无法合作,最后因为钱谦益投降时间较晚,地位不及冯铨,只得放弃官位,归隐田园。以他为代表的一批前明东林党遗老,逐渐开始脱离实际,陷入考据义理的窠臼之中。

到乾隆年间,冯铨和钱谦益也一起进了乾隆帝特旨编纂的《贰臣传》,阉党和东林党终于同路。

而大明帝国当年的贡生张秉彝抱定"忠臣不侍二主"的决心,宁可在家打铁、种地,也没有参加清廷的科举考试,保留了作为读书人的气节。桐城士绅百姓都对张秉彝的行为颇为尊重,但随着时间的推移,乱世走向终结,大清帝国统一天下后,局势逐步稳定,而且为了巩固统治,清统治者有意吸纳汉人入朝。张秉彝作为明廷贡生,不参加清廷科考是气节,但他也要为自己家族的延续考虑。于是他积极培养孩子读书,希望他们可以效仿先辈,再次通过科举敲开家族复兴的大门。

张廷玉之父张英是张秉彝第五子,生于明崇祯十年(公元1637年),康熙六年(公元1667年)丁未科进士,并入选庶吉士。庶吉士始置于明初,是中国明、清两朝时翰林院内的短期职位,从科举进士中选择才能杰出者担任。这些举子先入翰林院学习,之后再授官职,前途远大。自明弘治以后,内阁首辅多是庶吉士出身,其中著名的有杨廷和、张居正等人。故庶吉士又被称为"储相",即储备宰相。照明朝政治惯例,张英入选庶吉士，意味着他只要一步一个脚印干下去，不需过多钻营，凭着资历都可以熬到入阁秉政。

张英秉持"桐城派"经世致用、积极入仕的传统，希望一展平生所学，不负圣人之望。

第二节　张英入仕　始终谨慎

张英入仕之时，恰逢年仅十四岁的康熙帝亲政，正是大清入关后两代权力交接的关键时期。此时大清帝国内部的势力面临大洗牌，这既是内部各种矛盾危机重重之时，也是张英这样的新人建功立业之机。

事情还需要从大清立国时说起。

大清帝国起自建州女真，其八旗制度带有明显的早期氏族部落色彩，其皇位更迭需要满足各旗间势力的平衡。努尔哈赤死后，皇太极继位，他把两黄旗牢牢控制在自己手里，成为直属皇帝的力量，大肆打压两蓝旗莽古尔泰（正蓝旗）、阿敏（镶蓝旗），让两蓝旗从此失去了话语权。但两白旗的多尔衮兄弟和两红旗的代善父子都还有一定发言权。

皇太极死后，顺治帝福临能够继位，则是两红旗的代善出面协调两白旗的多尔衮兄弟和两黄旗的势力代表豪格的结果。清军入关后，多尔衮成为摄政王。随着顺治五年（公元1648年）代善病逝，两红旗势力削弱，也基本丧失了话语权。摄政王多尔衮的两白旗和豪格的两黄旗，开始争夺最后的话语权。结果豪格被多尔衮陷削爵，多尔衮趁势压制两黄旗，扩大两白旗的势力。但两黄旗名义上的最高领袖毕竟是顺治帝，豪格虽然被扳倒，但他的部下索尼、鳌拜等人依然团结在顺治帝和他的母亲孝庄太后身边，多尔衮一时间也无可奈何。

顺治七年（公元1650年），多尔衮暴毙，顺治帝在母亲孝庄太后背后的蒙古势力和两黄旗索尼、遏必隆、鳌拜等人的支持下，策反原属两白旗的苏克萨哈，顺利清算多尔衮的势力，重新夺回大权。但两白旗已势大，无法完全消灭，只能让变节出卖多尔衮的苏克萨哈暂时统领两白旗，实现各个势力间的平衡。此外，顺治帝还沿用了多尔衮任用汉族官员，让其相互牵制的方法来稳定朝局。大清帝国在相对长的一段时间内保持了各派势力之间的平衡。

为了确保这种政治平衡，顺治帝甚至不得不早早就对大清皇位的继承人做出选择。

顺治十八年（公元1661年）正月丙辰，顺治帝福临驾崩。此时适合登基的皇子只有皇二子福全和皇三子玄烨。根据《清史稿》的记载，之所以选择玄烨，不选择福全，是因为顺治帝生前考察的结果：

六龄,偕兄弟问安。世祖问所欲。皇二子福全言:"原为贤王。"帝言:"原效法父皇。"世祖异焉。

　　据说,六岁的玄烨和哥哥福全前往顺治帝面前问安。顺治帝询问二人志向,哥哥福全说希望自己当个贤王,玄烨却说要效仿顺治帝当个好皇帝,顺治觉得玄烨胸怀大志,也尊重了二人的个人选择,最终让玄烨登上帝位,福全成为贤王。

　　顺治帝逝后,玄烨被孝庄太后和四大辅政大臣选为大清入关后的第二代皇帝,此时他才只有八岁,实际权力在孝庄太后和四大辅政大臣手中。由于多尔衮辅政专权多年,朝中积弊甚多,而且辅政四臣都曾受过多尔衮的打击。顺治帝死后,两黄旗势力正式上位,立即开始清洗由多尔衮任命的汉族官吏,打破了之前多尔衮、顺治帝利用汉族官员党争保持平衡的政治办法,大肆打压汉族官员。

　　由于辅政大臣权力极大,且没有约束他们的机构,造成朝中出现了结党营私的现象。由于政见的不同,辅政大臣中两黄旗势力索尼(正黄旗)、遏必隆(镶黄旗)、鳌拜(镶黄旗)与正白旗苏克萨哈的关系日益紧张。

　　所谓"一朝天子一朝臣",既有旧人去,必有新人来。康熙初年的四大辅臣贬谪了一大批汉族官员,但繁忙的朝务还是必须有人来做,于是他们只能通过科举,重新再选一批和前朝没有那么多联系的新人来做官。张英就在此时通过科举进入仕途。

康熙六年（公元1667年），张英考中进士，入选庶吉士，进入翰林院。这年康熙帝已经十四岁，自幼受到完整汉学教育的他，在本科士子中选出了谨慎务实的张英御前侍奉。年少的康熙帝已经显露锋芒，在孝庄太后的指导下，他特意打破惯例，指派工部尚书陈元龙兼职翰林院，教导这帮年轻的庶吉士熟悉朝中事务，使他们能够尽快在皇帝身边成长起来，以培养自己在朝中的亲信，去对抗已经存在的势力。

刚刚考中二甲第四名的张英还没来得及享受人生的喜悦，就立即扎进了政治斗争的旋涡之中。张英知道自己身为汉臣，在朝中势单力薄，要时刻铭记"谨慎"二字，才能在这云诡波谲的朝堂上求得生存。也因为他持重的性格，才被从翰林编修中选出，为康熙帝编写"起居注"，日日陪伴在这位少年天子的身边。

通过朝夕相处，张英发现康熙帝当年跟顺治帝所说的那句"原效法父皇"可不是说大话。他在认真熟读历代典籍之后，像他的父亲顺治帝一样，从心底里想要推行汉化改革，革除八旗弊制，至少要把他们对皇权的威胁彻底铲除，只有这样他的位子才算坐稳。

此时的关键问题已经不是两白旗，而是逐渐显得尾大不掉的两黄旗索尼和鳌拜。正黄旗索尼心机深沉，他表面隐退，却为家族做好了一切安排：先把自己的孙女赫舍里氏嫁给康熙帝成为皇后，再把儿子索额图引入中枢，继续掌权。鳌拜居功自傲，联合遏必隆扩张镶黄旗势力，借用皇帝权威，打压异己。索尼去世后，鳌拜成为首席辅政大臣，更加肆无忌惮，擅杀辅政大臣苏克萨哈，引起两白旗不满。特别是鳌拜坚持满洲八旗旧制，在朝堂上不遵礼仪，对年轻的康熙帝表现出种种不敬的行为，又在各地利用"圈地令"，大肆掠夺汉人百姓的土地。鳌拜的所作所为得罪了各个势力集团，既因为种种僭越行为引起康熙帝的不满，又因为擅杀苏克萨哈，导致八旗内部对他心生恐惧，还因为"圈地令"遭到广大汉族士人的厌恶，于是满朝上下皆欲除之而后快。

这时康熙帝展现出了与年龄不符的政治智慧：他没有在亲政之初就立即对鳌拜动手，而是在祖母孝庄太后的指导下，一面稳住索尼、皇后一家以及正黄旗的部分旧贵族，一面积极在朝臣中物色可靠人选，准备一举扭转鳌拜擅权乱政的局面。

平静的局面持续了两年。

康熙八年（公元1669年）五月乙未，一切准备就绪的康熙帝开始出手。他首先调整了四位汉人尚书的职务：以黄机为吏部尚书，郝惟讷为户部尚书，龚鼎孳为礼部尚书，王弘祚为兵部尚书。清朝六部之中有满汉尚书各一人，理论上满尚书地位要高于汉尚书，可实际上汉尚书基本都凭借更为深厚的文化底蕴和对明朝制度的熟悉，掌控了实权。因此，在一天之内更换四部的尚书，意味着朝廷重要部门已经被康熙帝初步掌握。

专横跋扈的鳌拜对康熙帝这一举措非常不满，他一面强行为心腹官员济世保住工部满尚书的位子，一面决定至少再为心腹玛尔赛再争一下户部满尚书的位置，却遭到康熙帝的坚决反对。见自己人不能占有户部满尚书的位置，鳌拜决定换个办法。他引用顺治年间旧例：各部可有两位满尚书，强行要求康熙帝任用玛尔赛。康熙帝表示可以商量，并以此为由，让鳌拜三天后入宫商议。

三天过后，五月戊申，康熙帝在南书房召见鳌拜。"康熙帝智擒鳌拜"的故事就这样发生了。

第三节 六尺之巷 家风熏陶

康熙帝此番召鳌拜前来，就是想将其逮捕，处罚其党羽，铲除鳌拜集团，夺回朝中大权。由于鳌拜党羽已经遍布朝廷内外，稍有不慎，必将打草惊蛇，引发一场大变。故康熙帝不露声色地进行着他的计划，挑选了一批身强力壮的亲信侍卫，在宫内整日以摔跤为乐。鳌拜见了，以为是皇帝年少，沉迷游戏，放松了对康熙帝的警惕。此时的鳌拜和当年那个双手可敌十几个侍卫的"满洲第一巴图鲁"已不能同日而语。他已经年近六旬，且在朝中秉政多年，早已不是那个在战场上冲锋厮杀的勇士。另外，鳌拜出生在关外，且汉话说得不好，和从小就生活在北京、汉话说得很好的康熙帝交流困难。鳌拜本一介武夫，身为辅政大臣，辈分又比康熙帝高，在沟通不畅的情况之下，就容易在康熙帝面前指手画脚，忽视了一些儒家礼仪规范。有朝臣建议用计让鳌拜在康熙帝面前御前失仪，这样一来就可以按照《大清律》给他治大不敬之罪。这个主意得到了康熙帝首肯，但具体如何实施还是费了一番心思。

康熙帝特地备了一把坐不稳的破椅子，让刚刚向皇帝行完大礼的辅政大臣鳌拜坐下说话。鳌拜一坐下就觉得椅子不对，但又不敢御前失仪，只能将就坐着。接下来，双方开始就户部满尚书人选展开对话，鳌拜推举玛尔赛和现任玛希纳一同担任户部满尚书，康熙帝坚持只任用玛希纳一人，一时间，谁都说服不了谁，这时康熙帝命令内侍给鳌拜上茶。康熙帝命人提前在茶具上做过手脚——故意把茶杯烧得极为烫手。鳌拜心里没准备，手一接过滚烫的茶杯，被烫得不轻，杯子自然也就摔到地上。此时，在他椅子后面站着的侍卫趁机把他向前一推，鳌拜连人带茶杯摔在康熙帝面前。于是，刚刚还和颜悦色的康熙帝突然大喊，声称鳌拜对自己大不敬。旁边的侍卫们得到信号，一拥而上，趁机把摔在地上的鳌拜抓捕，交给刑部论罪。

上面这段记载出自清代李伯元的《南亭笔记》。李伯元是《官场现形记》的作者，家里世代为官，洞悉不少宫内、官场秘闻，有一定的可信度。更重要的是，这番描写和《清史稿》中的一段话基本吻合："是日，鳌拜入见，即令侍卫等掊而絷之。"这里"掊"是扑倒，"絷"是捆起来、抓起来。结合起来看，就是让侍卫们把鳌拜扑倒然后抓起来。李伯元的故事从另一个角度为我们补充了"康熙帝智擒鳌拜"的细节。

抓了鳌拜之后，康熙帝立即对六部之中鳌拜的亲信进行清洗，捉拿鳌拜之弟穆里玛、塞本得，鳌拜从子讷莫，鳌拜党大学士班布尔善，尚书阿思哈、噶褚哈、济世，侍郎泰璧图，学士吴格塞。几天之后，这些人都以鳌拜党羽的名义被处决。

谁也没有想到康熙帝处置起来如此迅速，也如此不留情面。而张英因为回乡为父丁忧，恰巧错过了这场风暴，当他得知鳌拜被捕的时候，虽然内心也暗暗叫好，但按照他的想法，御前失仪最多算是个革职的罪名，不承想康熙帝直接下此死手。看来无情最是帝王家。几年后再度走入南书房的张英，看着鳌拜曾经坐过的那把椅子，恍若隔世。

接下来事情又出现了变化，就在所有人都以为鳌拜死定了的时候，康熙帝忽然下诏称："鳌拜愚悖无知，诚合夷族。特念效力年久，迭立战功，贷其死，籍没拘禁。"这等于又赦免了鳌拜御前失礼的大不敬之罪，把他由灭族改为圈禁。

杀了鳌拜几乎所有党羽，却唯独饶了他本人，康熙帝这种做法实在让熟读圣贤书、初入朝堂的张英不好理解。真是天威难测。再看一颗颗人头落地，张英开始明白古人伴君如伴虎的名言，说话做事更加小心谨慎。

康熙九年（公元1670年），张英结束丁忧，返回京城补原官，回到了刚刚恢复平稳的朝廷。康熙十一年（公元1672年）闰七月，康熙帝亲试张英等三十二人满文，张英成绩优异，授编修，在南苑行宫进讲儒家经典，常随侍帝侧，为康熙帝的主要讲官之一，成为康熙帝的亲信之人。

康熙十六年（公元1677年），张英被康熙帝亲自选为南书房入直大臣，与康熙帝共论经史。张英从辰至暮侍讲，有时退归又被召回，深受康熙帝器重。朝廷典诰多出自张英之手，康熙帝称他"恪恭匪懈，勤慎可嘉"。为了便于皇帝随时召见，还专门在西安门内赐给张英一座府邸，他也是清朝第一个在紫禁城内被赐予府邸的大臣。而一个汉臣能入居紫禁城，已是无上的光荣。此后，张英更是起早贪黑，在朝中日夜操劳。康熙帝对他的表现十分满意，随着"三藩之乱"被平定，张英的官位也在不断上升，先是被任命为翰林院学士，后又兼任礼部侍郎。

张英在京城的官一天天做大，留在家乡安徽桐城的几个兄弟也觉得脸上有光，认为自己的身份比一般人要尊崇。当初张秉彝从北京回到桐城一度以打铁为生，宅子不大。眼见张英在朝廷中做了大官，张家人决定扩大桐城老宅。和张家老宅一墙之隔的是吴家，张家要扩建宅邸，就和隔壁的吴家起了冲突。冲突由口角上升到械斗，两家背后都有高官，地方不敢干预，一时僵持不下。

冲突发生之后，张家人立即派人给张英修书一封，请他这位大官出来为自己家人做主，向地方官施加压力，让他们做出有利于张家的判罚，让张家祖宅可以更加宽敞，也算是光耀门楣的大事。

张英看到信后，不禁苦笑。这些兄弟只看见朝堂的浮华，却看不到朝堂之上的杀机四伏，当年他亲眼见证鳌拜被除，如今朝堂上索额图和明珠两派依然党争不断。张英虽然和李光地一起同索额图交好，又是太子老师，但也不敢轻易得罪明珠一党。且江南东林士族自钱谦益以后，长期把持御史台，看似以"清流"自诩，以道德划线，实则以地域划界，党同伐异，自己出自安徽桐城，和这帮人不是一路人。

现今他虽身处枢机，却如临深渊、如履薄冰，生怕一不小心就落得个身首异处的下场。而家中竟然要他为了扩建主宅这点小事干涉地方行政，此事一旦被一些居心叵测的御史得知，将一本"仗势欺压乡里，鱼肉百姓"的弹劾奏折送到康熙帝那里，自己便可能陷入万劫不复的境地。

其实张英自盛年为官，多年参与军机，掌握不少朝廷机密，但也因此深知官场昏暗，中年已有归隐田园之心。然而树欲静而风不止，家人们不切实际的期望很有可能导致他的灭顶之灾。为了让自己能够平安地从中枢高位上退下来，他想借此机会好好整顿家风。

于是，张英写下一首诗，交给来人带回桐城老家。家人展信一看，正是一首诗："千里来书只为墙，让他三尺又何妨。万里长城今犹在，不见当年秦始皇。"张家本来就是世代书香门第，看到张英这首诗不禁对这场纷争颇感惭愧，遂决定退让三尺，不再与吴家相争。吴家得知张家主动退让，也让出三尺表达歉意，张、吴两家府邸之间遂形成一条"六尺巷"。时至今日，"六尺巷"的故事依然为桐城美谈，成为中华民族谦让重礼的象征之一。

之后，张英开始整理自己的文稿随笔，编成《聪训斋语》一书，总结自己为官处世二十年的经验，教育子孙。书中十分强调修身的重要，对后辈提出"知名""安分"的要求，让他们不要过分贪图功名、富贵。对于个人修养方面，要求子孙后代需从"立品""读书""养生""择友"四个方面出发，提高自我修养；对于治理家务，则要"惟肃乃庸"。"肃"是恭敬、严肃、谨慎之意；"庸"取中庸、正道之意。这是教育子孙只有严肃恭敬地对待每一件事，才是中庸正道。为了贯彻此道，张英在家中提倡勤俭，拒绝奢侈，甚至拒绝家人看戏的要求。在这样的家风熏陶之下，张英的几个儿子都考中进士，其中张廷玉更是出类拔萃，历仕三朝，为相多年。就连康熙帝也感叹道："张英始终敬慎,有古大臣风。"

不过即便如此小心谨慎,张英也没有躲过索额图、明珠党争的灾祸。康熙二十八年(公元1689年),已经升任礼部尚书的张英,因为属下在给康熙帝的舅父、镶黄旗重臣佟国纲撰写悼词时用词不当,惹恼了正黄旗一党,被告失察。最终张英被革除礼部尚书之职,仍管翰林院。此后张英下定决心不再过多参与朝堂之事,一心教育几个儿子。

此时,张廷玉已经成年,他自幼长在张英身边,耳濡目染,在家风熏陶之下,从小就立志要像父亲一样,有朝一日立于庙堂之上,实现自身抱负。张英对张廷玉也十分欣赏,决定让张廷玉考取功名前,先成家立室,绵延血脉,再一心一意投身于科举考试。

故康熙二十八年(公元1689年),张廷玉恭奉父命,回乡娶妻。

第二章 进士及第 翰林编修

康熙十一年（公元1672年），张廷玉出生于京师，他早年体弱，喜静善书，自幼博闻强记，过目不忘。康熙三十六年（公元1697年），张英任会试主考，张廷玉为回避而放弃会试。两年后，结发妻子姚氏去世。康熙三十九年（公元1700年），张廷玉终于进士及第，入翰林院负责编纂《亲征平定朔漠方略》，开始了他几十年宦海沉浮的官僚生涯。

第一节 病弱少年 静以修身

张廷玉于康熙十一年（公元1672年）生于北京，是张英的第二个儿子。他前面有兄长张廷瓒，后面又有三弟张廷璐、四弟张廷瑑。

康熙十二年（公元1673年），张英曾陪伴康熙帝前往南苑视察。五月，在这一年的翰林院散馆考试中，张英名列前茅，被授予正七品翰林编修一职。不久，他被翰林院掌院学士傅达礼和熊赐履看中，和李光地等四人一起，调到康熙帝身边任"经筵"讲师。康熙十六年（公元1677年），为进一步削弱满洲亲贵的权力，康熙帝开设南书房，以张英等汉臣入侍。张英的职权更重，工作更忙，一度和李光地一起负责修撰康熙帝起居注。至康熙二十年（公元1681年）清军攻克昆明、平定"三藩之乱"前，张英事务繁多，自然没有时间过多关心年幼的张廷玉。

张廷玉幼年时身体不好，他自己曾经记录："余自幼体羸弱多疾，精神减少，步行里许辄困惫。"这句话翻译过来就是说他体力很差，走稍长一些的路就会感到异常疲惫，所以他自幼好静，只喜爱读书。也因为身体不好，年少的张廷玉对待自己的身体较之常人更加谨慎，他曾总结自己的生活习惯："谨疾，慎起居，节饮食，时时儆惕。"可见他能够严格控制自己的起居、饮食，并逐渐形成了自觉自律的生活习惯，也逐渐养成了一生谨慎小心的性格。

　　谨慎律己的张廷玉一生都特别喜欢安静。他曾经在自己的笔记中写道："生平亦不爱观剧，盖天下之乐，莫乐于闲且静。"这说明张廷玉和当时很多天天闲逛，沉迷看戏、玩鸟的八旗子弟不同。他少时静心读书，修身养性，日后宣麻拜相，恰好印证了圣人"勤有功，戏无益"的训诫。他的父亲张英对这个能够在京城这样繁华热闹的地方静心读书的儿子也很看重，时不时忙里偷闲，亲自指导他的功课学业。

　　张英作为皇帝的经筵讲官，学问一流，当然也少不得教导张廷玉一些有难度的知识。比如，张廷玉少年时对《诗经·小雅》中"民之失德，乾餱以愆"一句不甚理解。这句话中的"乾餱"指的是干粮，可以泛指老百姓糊口的口粮，"愆"的本意是过失，以张廷玉当时的理解，这句话的意思难道是老百姓丧失了德行，连手上有一点勉强糊口的干粮都是一种过失吗？那到底是不是轻视天下百姓呢？张英看到儿子可以提出这样的问题，顿觉此子可教。他向儿子解释道："乃古人自检之密，非轻量天下之人。"张英对《诗经》中这句话的解读不同于张廷玉简单的字面理解，他认为这句话应该解释为老百姓没有品德的话，为了得到一点点口粮就会不惜犯下过错，是古人对自我修养的严格要求，而非轻视天下百姓之意。在父亲张英的循循善诱和自己刻苦学习之下，张廷玉的学问和见识突飞猛进，对世事的认识也更加全面。

身体的调理靠自己用心，学问的事情有父亲指点，随着张廷玉一天天长大，他的婚事也被母亲姚氏提上了议事日程。张廷玉的母亲姚夫人是康熙朝刑部尚书姚文然的族妹，妻子姚氏是姚文然的女儿。

姚文然也是安徽桐城人，崇祯十六年（公元1643年）考中进士，后来逢王朝更替，遂转回乡里。顺治朝由安庆巡抚李犹龙推荐，成为大清国史馆庶吉士，后历任礼科给事中、工科给事中、兵科给事中、户科给事中，成为清初传奇言官，至康熙年间与另一言官魏象枢并称"姚魏"，成为清初的清流领袖。康熙十二年（公元1673年），姚文然亲赴京口将徇私纵恣的将军柯永蓁捉拿回京。

在"三藩之乱"中，陕西总兵王辅臣举兵归附吴三桂，当时临近陕西的河南巡抚佟凤彩本来已经向康熙帝递交辞呈，请求告老回乡养病，姚文然以佟凤彩深得河南民心为由，力谏康熙帝将其留任，方才保住河南一省平安。姚文然由副都御史、刑部侍郎升为左都御史，后又升任刑部尚书。在刑部尚书任上，姚文然负责参考明朝法令，修订清朝律令判例。在工作中他秉持"刃杀人一时，例杀人万世，可无慎乎"的态度，为整个清朝司法刑狱判例奠定了基础，《清史稿》称赞其"修律例，皆为一代则，其绩效钜矣"。

姚文然一生中大部分时间都是言官,对明朝廷杖言官的制度极为反感。顺治十年(公元1653年),他曾上疏皇帝:"言大臣得罪不当锁禁,得旨允行。"他建议皇帝对言官应当宽容。后在刑部尚书任上,他又提出"以明季用刑惨酷,奏除廷杖及镇抚司诸非刑",力谏康熙帝废除此项弊政。在他的努力下,清代没有出现明朝那样当庭杖打大臣的野蛮刑罚,他也因此受到天下读书人的钦佩。

张廷玉晚年回忆岳父的此项政绩,也认为"明时廷杖言官,实属稗政","稗政"的意思是琐碎的非正式制度,不应该存在。结合自己多年为官经验,张廷玉更进一步指出,明代许多言官"若卖直沽名,戕父母之遗体,成国家之虐政,忠孝大节,两有所损"。作为一代名相的张廷玉,自然是看不起那些不惜损害身体、博取名声的沽名钓誉之徒。

姚文然是张英的同乡前辈,又与张英夫人姚氏有亲戚关系,而且姚文然的第六个女儿与张廷玉年纪相仿,故而两家定下这门亲事也是顺理成章之事。不过事情在张廷玉未满十岁时出现了变故。康熙十七年(公元1678年),姚文然在刑部尚书任上去世,姚家自此家道中落,姚文然的两个儿子未能在中枢任职,一个在湖广罗田(属今湖北黄冈),一个在陕西朝邑(属今陕西渭南),官都只做到知县,远不能和入直南书房、领礼部侍郎衔的翰林院学士张英相比。换作他人，可能会借机解除婚约，另谋良缘，以达到两家互相照应之效。但张英不以为意，始终坚持当年的婚约，最终张廷玉迎娶了姚氏为正妻。十几年间，张英虽然在朝堂上屡仆屡起，地位不断上升，却没有失去读书人的本心本性。在张英的笔记《聪训斋语》中，就留有这样一段给张廷玉兄弟的话："若但计丘山之得，而不容铢两之失，天下安有此理？但己身无大谴过，而外来者平淡视之，此处贵之道也。"这句话就是在告诫儿子们，为官如果只想得到好处，不愿承担损失，那就是违背天理；只有为官处世无大过错，将身外的名利看淡，才能够始终保持所拥有的富贵和权位。

迎娶姚氏之后，张廷玉也开启了自己的科考之路。清代科举制度与明代相似，由国家正式举行的科举考试有三场：第一场叫乡试，每隔三年一次，在省城举行，考中者成为举人；第二场叫会试，在乡试后第二年二月于北京举行；第三场叫殿试，由皇帝亲自主持，考中者成为进士，分为一甲（状元、榜眼、探花）三人，二甲、三甲各若干人。也有人认为明清科举考试有四场，第一场是在乡试之前，考生还要通过学校或地方官府的考试，获得会试资格，又称童子试，成为生员，俗称秀才。

有意思的是，史书中并未留下张廷玉早年参加科举的具体情况，甚至他在哪一年中的秀才都没有清楚地记录。只知道他并没有通过乡试，而是依靠父亲张英的恩荫，直接捐得贡生资格，参加了会试。按清代惯例,乡试应在考生原籍地举行,当时张廷玉的原籍是桐城,却随张英常年居住在北京。可能是张英知道他天生体弱,不愿他受来回奔波之苦,故而出面为爱子寻了捷径。这种情况在明清时代并不少见。

到康熙三十六年(公元1697年),二十五岁的张廷玉已经做好了会试准备,可就在这时传来了一个消息,让他不得不把自己会试的时间再推迟三年——他的父亲张英被任命为本次会试的主考。

第二节　会试回避　痛失佳偶

康熙三十六年(公元1697年)十月,张英以翰林院掌院学士的身份成为会试主考。不过,张英的这个会试主考并不是由康熙帝本人指定的,而是康熙朝的监国太子胤礽指派的。因为康熙帝在这一年第三次率军亲征准噶尔部噶尔丹,朝中大事交予太子处理。

太子胤礽让张英担纲主考也是有原因的。此时太子胤礽的支持者,也是主要的靠山索额图,在朝堂中已经呈现失势的苗头。索额图是索尼之子、康熙帝皇后赫舍里之父、太子胤礽之外祖父,满洲正黄旗人。他是康熙帝执政早年的头号重臣,但他党附太子，擅权乱政，贪婪奢侈，逐渐被康熙帝疏远。

另外，正黄旗一派的索额图与康熙帝身边的红人熊赐履、顾八代等皆有旧怨。他还与另一权相明珠党争不止，双方身为朝廷重臣，在康熙年间大部分政见都相反，使朝廷内部逐渐出现混乱的势头。

熊赐履是康熙初年文坛领袖，一直在内阁负责票拟，康熙十五年（公元1676年）因票拟有误，被索额图抓住机会弹劾。顾八代是满人中难得的才兼文武的大儒，康熙十八年（公元1679年）本有机会升迁，由于不依附索额图，被索额图评为"浮躁"，意思是他做事不认真，结果被降职。"三藩之乱"时，索额图坚决反对康熙帝的撤藩主张，与明珠、米思翰、莫洛等坚决支持康熙帝撤藩的大臣争斗不止，此后索额图把莫洛派往陕西任总督，结果莫洛被叛变的王辅臣杀死；米思翰积劳成疾，死于户部尚书任上。康熙二十七年（公元1688年），索额图又利用御史郭琇弹劾明珠贪赃枉法，一举把明珠排挤出上书房，之后二十年，明珠都只是一个普通的内大臣，不能参与中枢机要。康熙二十九年（公元1690年），趁着康熙帝远征噶尔丹之机，索额图为削弱康熙帝生母佟佳氏一族，故意把镶黄旗汉军都统佟国纲派入敌众我寡的必死之地，结果导致佟国纲战死。

索额图在康熙朝前几十年可谓呼风唤雨，甚至是只手遮天，轻易打败了所有政敌。他之所以能够在朝堂上轻易获胜，和他的太子外公的身份是分不开的。孝庄太后和康熙帝都把大清未来的希望寄托在皇太子胤礽身上，也就未追究索额图种种不法的勾当。

但索额图给自己积累了足够多的敌人。康熙二十六年（公元1687年），孝庄太后博尔济吉特氏去世，索额图失去了最大的后台。而随着时间的推移，索额图的敌人们开始聚集起来，重新掌握朝堂上的主动权。更重要的是，康熙帝本人对索额图的外孙、太子胤礽产生了不满。事情的起因是康熙二十九年（公元1690年），康熙帝出征噶尔丹在途中患病，太子胤礽奉诏御前侍奉，结果康熙帝认为太子看着生病的自己并没有表现出忧伤的神色，他虽然没有责怪太子，却让太子立即回京去了，父子二人之间开始有了芥蒂。

等到康熙三十六年（公元1697年），康熙帝再次亲征噶尔丹时，问题更严重了，整个京城流传着太子准备和外敌勾结造反的流言蜚语。康熙帝回京之后，立即处罚了太子身边的官员，虽然造反的流言不了了之，但是父子两人的关系再也回不到从前了。

既然太子不是那么可靠，康熙帝就决定不再放纵索额图，一方面索额图得罪的人太多，他在朝堂上的实力可谓一家独大，需要清算他，给其他各派势力一个交代，以达到朝堂上各方势力的均衡。另一方面康熙帝想借削弱索额图在朝堂上的影响力，敲打太子胤礽，让他和索额图划清界限。于是，康熙帝开始起用明珠的势力和与索额图有深仇大恨之人，如明珠之子揆叙、米思翰之子马齐，以及佟国纲之弟佟国维、儿子鄂伦岱等一批索额图政敌的后代。

而另一边，索额图一派的大臣多被贬出京，让索额图在朝堂之上顿感孤单。索额图失势，意味着太子失势，胤礽也察觉到自己渐失父皇之爱，为了改变这种局面，他认为必须通过科举考试选拔一批可为自己所用的人才进入朝廷，往自己这一派注入新鲜血液。所以，胤礽决定起用自己和皇四子胤禛共同的启蒙老师——张英来主持会试，为正黄旗一派选一些可用之才。

张英对此时的朝局洞若观火，之前他之所以和同僚兼同乡李光地保持一定距离，就是不想陷入朝堂之上的党争。他认为履行自己的职责，保持一份内心的宁静，才是长久之计。评判他人是非，是他不感兴趣更不会去做的事情。他也因总是置身事外而被康熙帝数次责备办事态度消极推诿，数次因此降级，但他依然超脱于党争之外。然而树欲静而风不止，太子命他为主考官后，无论他如何避嫌，都会被朝堂上的对手认定为太子胤礽和索额图的党羽。之前，张英主管的礼部为佟国纲撰写祭文用词不当一事，就让他和索额图被绑定在了一起。张英清楚这次自己主持的会试已然变成了党争的工具。他对太子胤礽和索额图在康熙帝面前失宠的情况心知肚明。几年前好友李光地被贬，已经让他再次意识到伴君如伴虎的危险。不过此时他已经不能主动撇清这层关系了。

因为在这种情况下,张英如果不接受太子的任命,一来会直接得罪太子胤礽和索额图,立即陷入一场危机之中。尽管目前看来二人处境堪忧,但天心难测,谁也不知道康熙帝真正的目的到底是什么,接下来又会做出什么决定,所以现在得罪并未完全失势的太子和国丈不是明智之举。二来自己身为太子之师,而太子又是奉皇命监国,不接受他的安排,便是不服从皇帝的安排,在康熙帝面前也会获罪,而且这是抗旨的重罪,必然会陷入更加复杂困难的境地。

经过反复考虑,原本准备推辞主考职务的张英决定接受太子的安排,保全自己多年的经营和族人。但这样一来,就必须委屈一下原本准备今年参加会试的张廷玉了。

为了自己和家族考虑,张英要求张廷玉不得参加此次会试。一方面主考官的子弟避嫌是科考规矩。不遵守这个规矩,一旦被他人弹劾,轻则撤职回乡,重则人头落地。另一方面,恰逢朝堂之上危机四伏,本届应试的考生在这个风口浪尖之上,即使取得功名,也会被认定是太子和索额图一党,这未必是一件好事。这一年中选的进士们必定会陷入一场政治斗争中,要在太子、索额图一方和明珠等人一方做出选择。张英不得不慎之又慎,张廷玉十分明白父亲此时身处困境,他决定听从父亲的安排,收起自己的万丈雄心,蛰伏三年,厚积薄发,从头再来。

果然，朝堂内反对太子胤礽和索额图的一派早就盯上了此次会试所取的士子，试图以此为突破口，打击他们在朝堂上的力量。两年后，在张英主持的会试中被选中的头两名进士就出事了。

康熙三十八年（公元1699年），两年前的殿试状元李蟠、探花姜宸英奉命主持顺天府乡试。此次乡试选出了鄂尔泰、史贻直这样的宰相之才，却无端被人指责舞弊。落榜考生甚至作了两句打油诗"老姜全无辣味，小李大有甜头"，调侃两位主考取士不公。朝堂中与太子、索额图结怨的众人借此将两人双双下狱。探花姜宸英原本供职于国史馆，年已七十多岁，不堪受辱，在狱中吞药自尽。李蟠被革职回乡，此后再未出仕。

张廷玉直到乡试舞弊案爆发，才发现父亲张英不让自己参加康熙三十六年（公元1697年）的会试科考确有先见之明，也再次领悟了父亲"谦以保身"四字训诫的意思。也就在这一年，张廷玉的夫人姚氏病逝，张廷玉悲痛万分，此后未再娶，但先后有侍妾六人，育有四子。姚氏虽然和张廷玉一同生活的时间不长，也没有和张廷玉孕育子女，但是她秉承了父亲姚文然"清介绝馈"的家风训诫，对张廷玉影响颇深。

安葬好妻子之后，张廷玉开始心无旁骛地准备来年的会试。

虽然张英帮朝廷选出的状元和探花都被治罪，但他本人却没有受到牵连，官职不降反升，升文华殿大学士，甚至能够入阁秉政。大概是康熙帝对张英主动让儿子张廷玉回避本次会试的行为比较认可,认为他没有在混乱的政局中徇私舞弊,也没有利用机会向索额图和太子为儿子张廷玉寻求晋升之阶,实属难得。这也可以证明,一直以来,张英的谨慎都被康熙帝看在眼里,康熙帝并没有认定他为索额图的党羽。

康熙帝为了整顿朝纲,又对内阁和各部尚书重新进行了一番洗牌:以马齐、佛伦、熊赐履、张英为大学士,陈廷敬为吏部尚书,李振裕为户部尚书,杜臻为礼部尚书,马尔汉、范承勋为兵部尚书,王士禛为刑部尚书。这是自康熙八年(公元1669年)铲除鳌拜以来,规模最大的一次中央官员的职位变动。入阁的四人里,马齐,富察氏,满洲镶黄旗人,米思翰之子。马齐之父米思翰当年力主裁撤三藩,为康熙帝平叛提供了充足的钱粮支持,让反对撤藩的索额图陷入难堪。佛伦,舒穆禄氏,满洲正白旗人,是明珠一党。熊赐履、张英是汉臣,熊赐履和索额图的过节前文提到过。除了张英,其余三位大学士的共同点就是都和索额图有过节。朝廷中的大臣们也都意识到,康熙帝让这几个人入阁,就是准备对付索额图。

张英就是这样一个明眼人。经历过上一次对鳌拜的清洗,他看出了康熙帝对权力的渴望和决心,再看此时风雨欲来的朝堂,年纪已长的他准备急流勇退。此时,张英长子张廷瓒已经过世,全家的希望就寄托在了张廷玉身上。张英在退休之前,无论出于公心还是私心,都必须扶植张廷玉成为康熙帝身边的可用之才，同时成为家族新的顶梁柱。他主动向康熙帝报告自己儿子张廷玉将参加会试，以此为由辞去康熙三十九年（公元1700年）会试主考一职。

只要撑到张廷玉会试结束，他就可以想办法退隐乡里，保全家族和自己。这意味着，此次考试张廷玉必须"背水一战"——一旦失败，父亲辞职回乡，他就失去了庇护，朝堂有很多父亲的政敌，他将再难出头。带着必胜的决心，张廷玉踏进了会试考场。

第三节 进士出身 奉旨修书

康熙三十九年（公元1700年）三月，三年一度的会试、殿试再度举行，此次会试总裁为内阁重臣熊赐履。经过两轮考试，全国共有三百零一人成为"两榜进士"。

张廷玉的殿试成绩一般，只取得三甲一百五十二名，总排名在两百名开外（一甲三人，二甲六十人），赐同进士出身。有观点认为，张廷玉的成绩是被张英利用关系压制才会这么低，这种说法符合张英一贯低调、明哲保身的特点。但是这不太符合张英对张廷玉未来入阁为相的期许，因为按照明代惯例，非一甲二甲不得为庶吉士，非庶吉士不得入阁，这意味着张廷玉未来的政治前途并不光明。由此看来，张廷玉被排到三甲很可能是熊赐履对张英有意见，没有按照惯例帮助这位内阁同僚一把，反而把张廷玉排到了一个非常尴尬的位子上，这对张廷玉未来的仕途有重大影响。

不过，康熙三十九年（公元1700年）的两榜进士颇具争议。比如状元汪绎，只在朝廷任职三年就辞官回乡，康熙四十五年（公元1706年）就一命呜呼，死在家乡扬州。榜眼季愈的仕途也很奇怪，短时间在中央任职后，突然被外放任广西学政，后又改任广东学政，至死也没有再度升迁。其他大多数二甲进士都泯然众人，反倒是三甲的张廷玉和年羹尧，最后名留青史。

年羹尧，字亮工，汉军镶黄旗人。其父年遐龄从笔帖式做起，一路由兵部主事、刑部郎中、河南道御史、工部侍郎一直升任湖广巡抚。后来，年遐龄和当年弹劾明珠、时任湖广总督的郭琇因为处置欠赋的黄梅知县李锦不当，激起当地士子抗议，双双被降职留任。由此可见，年羹尧的父亲与郭琇关系不错，也被当时的人看作是太子索额图一派的人物。张廷玉、年羹尧二人共同的特点就是都有一个当朝一品官的父亲。

果然朝中有人好做官，张廷玉和年羹尧这对三甲的同进士，很快被康熙帝破格改为庶吉士，进入翰林院，授检讨一职。康熙帝在统治中后期，特别喜欢起用重臣的子弟，比如前文已经提到的佟国维、马齐、揆叙等人。这样一来可以显示自己和臣子关系紧密、为政宽和，待下有情义；二来可以被视为一种特殊恩典，让臣子感恩戴德，更加效忠皇帝；三来这些人可以得到父辈的指点，更加明白皇帝需要的是什么。但是这样一来，就破坏了明朝中后期庶吉士必须从一甲、二甲中选取的规矩，像商辂、徐阶、张居正这样"考"入阁的情况几乎就没有出现过。

眼见张廷玉中举人翰林院任检讨，未来仕途已是一片光明，张英最后的心愿已了，便向康熙帝请求告老还乡，正式退休，康熙帝恩准了。和他同时退出中枢的还有国丈索额图。张英万般叮嘱张廷玉务必远离索额图、太子胤礽和正黄旗一派的其他朝廷重臣，谨慎面对康熙朝凶险的官场斗争，保全自己和家族。随着父亲离开官场，张廷玉未来只能靠自己努力了，这一年他二十九岁。

康熙帝对年轻的张廷玉、年羹尧都比较欣赏，在命张廷玉做了几年翰林院检讨之后，便把他调入南书房值守，年羹尧则被派到四川任职。在此期间，张廷玉最重要的工作就是参与《亲征平定朔漠方略》一书的编纂。

此书记录的是康熙帝三次亲征准噶尔部噶尔丹、扫荡西北的事迹。准噶尔部首领噶尔丹是康熙年间西北边疆的主要敌人。康熙十八年（公元1679年），他从五世达赖喇嘛处讨得"博硕克图汗"的封号，成立准噶尔汗国，称霸中亚。其后数年间，噶尔丹一面勾结沙俄，一面盘踞中亚，一面向新疆伊犁河谷一带扩张，妄图分裂国家，割地自雄。康熙帝在康熙二十九年（公元1690年）的乌兰布通之战和康熙三十五年（公元1696年）的昭莫多之战中两次打败噶尔丹，最后在康熙三十六年（公元1697年）再次亲征准噶尔，逼得噶尔丹自杀身亡，大清帝国取得了对准噶尔汗国的决定性胜利。

在父亲的指点和自己的钻研下，张廷玉花了四年时间编成这部书，深受康熙帝认可，获得嘉奖。此后，张廷玉的修书才能得到肯定，开始负责《明史》等重要编撰项目。初入朝堂的张廷玉，从这部书中也进一步了解了康熙帝的杀伐果断，意识到这位主子似乎喜好标榜自己的英明神武，绝不容他人质疑自己的权威、威胁自己的地位。其间，康熙帝果如张英所料，开始了对索额图的清算。

康熙四十年（公元1701年）十月，张英以老致仕，康熙帝担心他的身体状况，特别下谕："尔身多病，难于远涉，当于开春就道。"康熙四十一年（公元1702年）正月，康熙帝赐宴畅春园，为这位老臣饯行。二月初六，张英启程南下，于三月回到故乡。张英晚年赋闲居家，没有什么官架子，族党乡邻都知道这是一位和蔼的老人，皆称其为长者。张英也曾自言，自己生平无他嗜好，惟酷好看山和种树。后康熙帝两度南巡，张英皆迎驾，两请圣驾多留一日，康熙帝都给了他面子，赏赐颇多。

康熙四十一年（公元1702年），皇太子胤礽陪同康熙帝

"南巡",在德州病倒,索额图前来探视,照顾了外孙一个多月,等到皇太子痊愈之后陪同太子一起回京。这事犯了康熙帝的忌讳,他认为太子与索额图过于亲密,对自己的皇位构成了威胁。第二年五月,他借口索额图之子打死家奴一事,将索额图抓进宗人府圈禁,同时将其家人流放,并将所谓"党附"索额图的官员尽皆革职查办。不久之后,权倾一时的索额图便在圈禁之地凄惨死去。

康熙帝对国丈索额图的处理确实显得刻薄寡恩、冷酷无情。当年如果没有索尼、索额图父子的鼎力支持,他根本不可能坐上帝位;康熙帝轻率撤藩,导致"三藩之乱"时,又是索额图力荐图海,平定陕甘扭转战局;与沙俄边境冲突之时,还是索额图折冲樽俎,力排众议,主持订立《尼布楚条约》,以额尔古纳河及格尔必齐河为界,维护国家主权和领土完整。这样一位对皇帝、对国家都有功的大臣,竟然在主动退出朝堂后被幽禁至死,甚至死后还被康熙帝贬斥:"索额图诚本朝第一罪人也!"实在是刻薄至极。

注视着这一切的张廷玉,再次想起父亲叮嘱他要谨守"万言万当,不如一默"的为官之道,他更加安静地在朝堂中编写书稿,时不时地就一些读书心得和远在安徽桐城老家休养的父亲张英相互讨教一番。有一次论及晋朝傅玄所写《口铭》一文中"病从口入,祸从口出"一句,张廷玉感叹,人人都厌恶生病和惹祸，但是能够在入口、出口这两方面都做到谨慎的人又有几个呢？他自幼体弱，在父亲的引导之下，对入口的食物一向谨慎小心，如今在朝堂之上，天子近侧，更要注意自己的言论。张英对儿子初入朝堂便能有此觉悟十分欣慰。他了解康熙帝看似宽仁、实则刻薄的特点，告诫儿子"忍之须臾，乃全汝躯"，一定要学会忍耐，静待事情发展，不要随意表态或者轻易跟风。

张廷玉从父亲身为皇帝近臣一生的起落经验中吸取教训，只知勤于政务和学习圣贤之道，不知何为派系、党争。康熙四十二年（公元1703年）四月，庶吉士散馆，御试清书，张廷玉列一等第一，授翰林院检讨，由此担任前文提到的《亲征平定朔漠方略》纂修官。康熙四十三年（公元1704年）四月，张廷玉正式入直南书房。

果然，随着以索额图为首的正黄旗势力彻底失势，太子胤礽的地位也危如累卵，朝廷的情况发生了较大的变化。就在康熙四十七年（公元1708年）九月，爆发了废太子的大事件。事情的起因和之前那次感觉太子对自己的病情没有表现出担忧的神色一样，属于康熙帝捕风捉影。

这年八月，康熙帝带着诸位皇子一起前往布尔哈苏台（今张家口至内蒙古一带）围猎，皇十八子胤祄生病，皇太子胤礽在康熙帝面前没有表现出珍视兄弟之情，被康熙帝斥责，这成为废太子事件的导火线。紧接着，康熙帝发现太子被他责骂之后，连续几天在自己的御帐之外徘徊窥视，此举被康熙帝认定为意图不轨，认为太子准备谋反，动机是为外祖父索额图报仇。

太子胤礽自索额图死后一直就处于惊弓之鸟的状态，他几天来在康熙帝御帐外徘徊，很可能是没有想好怎么跟自己这位多疑的父亲解释，犹豫要不要进去。结果却引来康熙帝的雷霆震怒，当场宣布要废黜太子。由于事情来得太突然，朝野上下一片震惊，各派势力又发出不同的声音。张廷玉虽伴驾左右，但职权只是负责整理《起居注》，他不多一言，静观其变。

太子被幽禁后，之前被康熙帝起用的镶黄旗一派佟国维、马齐、王鸿绪、揆叙等人立即开始行动起来，准备利用这个绝佳时机将太子彻底扳倒，以绝后患。

最先上书的是康熙帝宠妃镶黄旗佟佳氏的父亲佟国维，他奏称："皇上治事精明，断无错误。此事於圣躬关系甚大，请度日后若易於措置，祈速赐睿断；若难於措置，亦祈速赐睿断。总之，将原定意指熟虑施行为是。"这番话一来拍了皇帝的马屁，二来提醒皇帝必须快刀斩乱麻，无论事情难易都要"速赐睿断"。他想要皇帝决断的就是赶紧废掉太子，另立新人。这件事必须要快，因为太子已经坐在位子上多年，一旦回到京城，肯定会有人为太子说话，这样一来想废掉太子就必定会更费周章。而且现在康熙帝所有的判断都来自自己的主观臆测，没有任何太子谋反的真凭实据，如此一来天下人不会信服，想废掉太子也必然夜长梦多。

张廷玉看得很清楚，自从正黄旗索额图倒台之后，镶黄旗佟国维、马齐等人看到康熙帝年事已高，就一直想要废掉太子，另立新君，为自己的将来打算。他们担心将来太子胤礽登基后，为外祖父索额图复仇，把他们都变作刀下之鬼。面对冲动的皇帝，这帮人心里只有一个想法：借此千载难逢的良机，把胤礽拉下太子位，至于谁接替胤礽上位，其实他们当时可能并没有确定的人选。

康熙帝当然看懂了佟国维上书的意图，问题是一旦废掉太子，必然要另立新太子，那么谁来当这个储君呢？

第三章 随驾扈从 入直中枢

康熙四十三年（公元1704年），张廷玉入直南书房，其后作为近臣多次随康熙銮驾北巡蒙古。康熙四十七年（公元1708年），在康熙帝率诸子狩猎之时，皇太子胤礽突然被废，朝廷掀起惊天风暴，张廷玉置身其中，谨慎少言，独善其身。

同年十一月，张廷玉以父亲张英病逝为由，开缺回籍守孝。数年后，躲过废立太子一事的张廷玉起复为官，开始在礼部、刑部等重要岗位任职。

第一节　天子近侍　北巡蒙古

康熙四十七年（公元1708年）夏，已经入直南书房四年的张廷玉伴随康熙帝北巡蒙古，来到布尔哈苏台围猎。自索额图被贬后已经处于惊弓之鸟状态的太子胤礽，又因为在康熙帝面前种种不当的表现，惹怒了生性多疑、刻薄无情的父亲，导致自己被彻底废黜。

康熙帝回京后，张廷玉又目睹索额图的朝中政敌佟国维要求皇帝快速决断，行废立大事。不过，佟国维虽然向康熙帝建议"总之，将原定意指熟虑施行为是"，但并没有明说让谁来继任太子之位。这是因为佟国维已经于康熙四十三年（公元1704年），也就是张廷玉入直南书房的当年宣告退休，他只是以皇亲国戚的身份来劝康熙帝下定决心，尽早完成立储之事。

其实这里是有两件事要做的——废和立。康熙帝本就对太子不满，又听从了佟国维的建议，废太子胤礽的事情办得十分"爽快"。九月乙亥，康熙帝召集廷臣至行宫，宣示皇太子胤礽罪状，命拘执之，送京幽禁。后布告天下，废皇太子胤礽。这个过程不过十几天，太子就被废掉。但接下来更麻烦的是要立谁。

这个时候，索额图的反对派们公推出了一位人选——大阿哥胤禔。胤禔在康熙帝所有皇子中，年纪最长，又多次参与北征噶尔丹的军事行动，还曾经被委派巡视河堤，是当时除了太子以外唯一一个对军务、政务都有涉猎的皇子。胤禔甚至被康熙帝刻意培养以便制衡索额图，且一度拥有节制康熙朝第一大将费扬古的权力。

胤禔见太子胤礽被废，也立即采取了行动，积极谋取太子之位。急切的胤禔还亲自到康熙帝面前进言，一边污蔑胤礽："胤礽所行卑污，失人心。"甚至要为康熙帝"分忧"，杀掉自己的兄长、太子胤礽。

胤禔这番谋划说明他对康熙帝既要面子又看重权力的特点十分了解，不过他选错了时机，也误会了康熙帝的意图。康熙帝此时还在思虑废掉太子的决定是否正确，闻胤禔之言，又见他如此急迫夺太子位，勃然大怒，斥责他"凶顽愚昧"。

通过这几年的朝夕相处，张廷玉深知康熙帝疑心甚重，权柄不肯轻易与人，脾气不好捉摸。所以，他始终抱定"万言万当，不如一默"的原则，谨慎侍立一旁。胤禔的野心被康熙帝一记重拳打得烟消云散。原本围绕在他身边、反索额图的那批镶黄旗官僚马齐、阿灵阿、揆叙、王鸿绪等人，也都被康熙帝的阴晴不定弄得难以辨清形势。

于是，所有人都开始了对太子人选新一轮的揣摩和观望。

不久之后，素来和太子交好的皇三子胤祉举报大阿哥胤禔利用蒙古喇嘛巴汉格隆，用厌胜之术陷害太子；又利用与皇八子胤禩的特殊关系（胤禩由胤禔的生母惠皇贵妃抚养），蛊惑胤禩夺嫡。胤禔与镇国公普奇一起把术士张明德请到胤禩府上为他"相面"，张明德说胤禩"丰神清逸，仁谊敦厚，福寿绵长，诚贵相也"。这是说胤禩是贵人，有命做储君。这消息在朝野内外到处流传，其真实意图是为胤禩争夺储君之位造势。康熙帝大怒，立即下令把胤禔抓进宗人府圈禁，随后又令张廷玉多次拟旨斥责胤禔，并严令负责圈禁胤禔的官兵不得有疏忽，否则全族屠灭。大阿哥胤禔的夺嫡之路就此破灭了。

眼见大阿哥倒下，太子被废，八阿哥也被牵连，康熙帝另外几位年长的皇子：皇三子胤祉、皇四子胤禛、皇五子胤祺、皇七子胤祐，全部偃旗息鼓，不愿牵扯其中，生怕因此获罪。

反索额图的镶黄旗一众官员见胤禔倒下，一时之间也没了主意。这帮人眼见其他皇子都对他们避之不及，只能退而求其次，选择惠皇贵妃的养子、皇八子胤禩做他们的代言人。胤禩并不傻，他眼见大哥胤禔因为陷害太子被抓，立即向太子党示好。太子党人、内务府总管凌普因贪赃枉法被抓，胤禩想利用职位之便，把这件事大事化小、小事化了，讨好太子党人，同时上演一出"兄友弟恭"的戏码。结果，康熙帝得知胤禩试图轻办凌普，又生气了。张廷玉奉命拟诏斥责胤禩："凌普贪婪巨富，所籍未尽，胤禩每妄博虚名，凡朕所施恩泽，俱归功于己，是又一太子矣！"这里"妄博虚名，凡朕所施恩泽，俱归功于己"，都是非常严厉的批评，再严重些，恐怕只有说胤禩意图篡逆了。这份诏书一下，皇子们顿时乱作一团。

第二天，康熙帝决定拿处理胤禩的事情给皇子们立规矩，于是召集所有成年皇子，由张廷玉当面宣布自己的处理决定："胤禩柔奸性成，妄蓄大志，党羽相结，谋害胤礽。今其事皆败露，即锁系，交议政处审理。"

皇九子胤禟唆使皇十四子胤禵进殿为胤禩说情。胤禵年轻气盛，当面顶撞了康熙帝。康熙帝盛怒之下，甚至拔出自己的佩刀要杀胤禵，多亏一直在旁侍立的张廷玉以儒家经典"小杖则受，大杖则走"训诫年轻的胤禵，老实厚道的皇五子胤祺抱住父皇的大腿苦苦劝说，康熙帝方才作罢。

经过这一闹之后，康熙帝更加记恨胤禩，立即下旨把道士张明德处以凌迟之刑。而后，张廷玉再次奉命拟诏申饬胤禩，这次的话说得更重，直接给他定了几条大罪，革除了他的贝勒爵位。具体罪名包括：庇护乳母的丈夫雅齐布贪赃枉法；与褚英之孙苏努相互勾结，败坏国事；受制于妻子安亲王岳乐的外孙女，且此女无子善妒。一时之间，原本朝野交口称赞的八贤王，反倒成了贪赃枉法、败坏国事、不能齐家的无能之辈。

张廷玉拟下的这封诏书，也透露出康熙帝的意图：他虽然一怒之下废黜太子胤礽，但是并不想马上立新的太子。康熙帝此时已经相信废太子胤礽之所以出现种种反常举动，是因为受了大阿哥胤禔的"厌胜之术"的影响。也就是说，康熙帝这时候又觉得自己突然废黜太子之事办得并不妥当。

于是，康熙帝本人开始谋划复立太子胤礽。张廷玉自然了解皇帝的心思和需求，他奉命召集诸位大臣，向他们宣布太子的病情是因大阿哥的厌胜之术所致，并且已经有所好转。大臣中很快就有人听懂了其中的潜台词，这就是向所有人说明，皇帝想要复立太子。一些宗室亲王开始上书康熙帝，请求复立太子，可康熙帝却没有急于表态，而是把这些秘密上书全部留中不发。

眼见太子之位虚空，视此为国本的东林党一派决定继承明万历年间争国本的传统，借题发挥，企图凭借此事再入中枢。于是，已经七十岁的左副都御史劳之辨再次秘密上书康熙帝请求复立太子胤礽，其中有"皇上以孝慈治天下，方且称寿母万年之觞，集麟趾繁昌之庆；而顾使前星虚位，震子未宁，圣心得无有遗憾乎"一句，明确指出废黜太子是康熙帝的过错，而这踩到了康熙帝的痛处——皇帝怎么会犯错呢？康熙帝立即下令将其革职,并廷杖四十,贬回原籍。这位皇帝要面子,明明是想复立太子胤礽,却不愿意承担废太子的过错,不想因此折损颜面。他的理想方案是大臣们上书称罪,表示没有教导好太子,导致出现太子被废的情况。按照这个逻辑,就应该是群臣主动上书承担责任,皇帝下诏赦免太子和众臣,以示胸襟,双方唱一出双簧,太子借机复位。

但大臣们都有些怕了,谁也不敢发声。

张廷玉看着康熙帝如此朝令夕改、翻云覆雨的操作,也实在不敢掺和进去。这年十一月,他的父亲张英病逝家中,消息传到京城,张廷玉悲痛万分的同时,也松了一口气。他立即向吏部报了父丧,请求以丁忧为名,离开京城这个是非之地。因为时近正月,各地驿站都在休息,加之临近年关,朝廷事务繁杂,张廷玉被康熙帝留到十一月十四日群臣议举新太子的会议后,才被允许正式交班离开。

第二节　丁忧守孝 回籍休养

康熙四十七年(公元1708年)十一月,经过前番废太子胤礽、囚禁大阿哥胤禔、贬斥八阿哥胤禩等一系列举动后,康熙帝决定再次复立太子胤礽。不过为了保全皇家颜面，康熙帝想和朝臣们再唱一出双簧——命诸大臣于诸皇子中举荐可为太子者。

看起来康熙帝是在询问大臣们的意见，其实他的心中已经有了答案，也多次暗示大臣们。他曾对大臣们说，废黜太子胤礽对他的打击很大，因此经常梦到孝庄太皇太后和胤礽生母赫舍里氏。他甚至因思念胤礽，病倒在南苑。传胤礽入见后，康熙帝似乎下定了决心，他对近臣们说："朕召见胤礽，询问前事，竟有全不知者，是其诸恶皆被魇魅而然。果蒙天佑，狂疾顿除，改而为善，朕自有裁夺。"这话就是在给自己找台阶下，已经不是暗示而是明示了。

十一月十四日丙戌，康熙帝召开议举新太子的会议。会场上，马齐、揆叙、阿灵阿、王鸿绪等人先到，这几人皆为"八爷党"的成员，与胤禩可谓"一根绳上的蚂蚱"，即便康熙帝刚刚斥责了胤禩，他们依然顶风作案，要为胤禩争太子位。在内阁中担任编纂《亲征平定朔漠方略》总裁官、张廷玉的上司张玉书赶到内阁后，询问前期讨论结果。马齐告诉他，大家都属意八阿哥胤禩。康熙帝得知后，传谕"议此事勿令马齐预之"，马齐遂退。康熙帝的意思已经十分明确，不会支持立胤禩为储君。但留下的阿灵阿等人秘密地写了个"八"字给其他参加内阁讨论的大臣们看。参加讨论的很多大臣将阿灵阿的暗示当成了内阁的决议，讨论结果自然就是八阿哥是太子人选。这个结果报到康熙帝那里，让他更加厌恶胤禩了：这个儿子不久前才刚刚遭到严厉的处分和斥责，却依然拥有超乎想象的政治能量。皇八子党的势力让康熙帝感到了不安，但这场"选举"又是自己发起的，他不好当场发作，当即传旨："立皇太子之事关系甚大，尔等各宜尽心详议。八阿哥未曾更事，近又罹罪，且其母家亦甚微贱，尔等其再思之。"但时间已经到了年底，朝廷要过个太平的年关，康熙帝遂把事情按下，没有表态。

张廷玉虽然跟随康熙帝身边多年，但他也不太清楚皇帝到底属意哪位皇子，此时他已向吏部相关单位报丧，启程回乡。康熙四十八年（公元1709年）正月，就在张廷玉回到故乡安徽桐城开始守丧时，京城传来消息，康熙帝龙颜大怒，重责了反索额图势力——镶黄旗的相关人员。

事情是这样的：正月癸巳，康熙帝召集群臣，追究推举胤禩为太子的事情。如此大事自然没有人愿意承担责任，但康熙帝要求一定要查出个结果，甚至预先给出了嫌疑人名单：佟国维、马齐。这样一来，刚过完年的满朝文武只得开始当面对质。

鉴于之前康熙帝"翻云覆雨"的表态，这又是牵扯身家性命的大事，谁也不敢随意指证两位举足轻重的大臣。这样的结果又一次惹得康熙帝大怒。于是，当时参加协商的大臣众口一词，都说是从正黄旗都统巴珲岱口中听说。巴珲岱不愿担当这么大的罪过，转口提出立胤禩为太子的提议是出自汉族大臣们之口。这话一出口，所有人目标都指向内阁汉大臣张玉书。张玉书立即把当天在内阁听到马齐所说、阿灵阿手里所写、大家公推八阿哥的情况，如竹筒倒豆子一般讲了出来。

康熙帝憋了一个年关的火终于有地方发泄了，他先是将马齐定性为一个包藏祸心的危险分子，然后指着马齐的鼻子痛斥其妄图通过扶植胤禩上台，把持朝政、肆意专行。马齐先是全力为自己辩护，声称他是奉命行事，按照皇帝的要求进行公推，并无私心，可他完全不似张廷玉那样懂得明哲保身，说到激动处，他不仅没有安抚愤怒的康熙帝，还当着皇帝的面拂袖而去。马齐的举动惹得康熙帝暴怒不已，立即下诏痛骂马齐："昨乃拂袖而出，人臣作威福如此，罪不可赦！"马齐的行为叫作御前失仪，可以和当年鳌拜一样按照大不敬治罪，应判处死刑。这次又是康熙帝亲自下诏处理，各部立即按照皇帝的命令逮捕马齐、马齐之弟马武和李荣保。经大臣们商议，要判处马齐死刑。这个时候，康熙帝又出来做好人，下诏赦免马齐，只是把他交给胤禩禁锢处理，马武和李荣保革职。

接下来处理的是佟国维。按理说，佟国维并没有提出任何实质性意见,但他依然被康熙帝怀疑,认为他要求自己快速决策立新太子一事完全背离实际,根本还是有私心,觉得他准备扶植大阿哥胤禔或者八阿哥胤禩取代太子,等未来他们其中一人登基后,便可以和马齐一样把持朝政。面对康熙帝的指责,佟国维立即请罪,请求皇帝处罚自己。既然马齐都没有杀,康熙帝对这位皇亲国戚自然也要宽容一些,他下诏保全了佟国维的一切待遇。其他反索额图的镶黄旗一派官员阿灵阿、揆叙、王鸿绪,都没有受到任何处罚。

胤礽在康熙帝的力排众议之下,于康熙四十八年(公元1709年)三月得以复立为太子。

由此看来,康熙帝第一次废立太子风波的始作俑者是他本人。首先这次废太子的理由过于随意,行动过于草率,如此大事怎么能仅仅因为"每夜偪(逼)近布城,裂缝窃视"就做出决定?这说明太子胤礽从始至终就没有做过任何实质意义上的所谓"悖逆"之举。但是天子一言九鼎,胤礽只能无辜被废。可是在雷厉风行地废完太子后,康熙帝突然又觉得索额图的政敌镶黄旗一派可能会借对胤禔或胤禩的拥立之功,在未来把持朝政。佟国维、马齐很有可能成为下一朝的索额图。更重要的是,康熙帝认识到此时选出任何一个皇子接替胤礽的太子位,都必然会引起一场腥风血雨,所以他又推翻了自己废太子的决定,复立胤礽。

张廷玉得到消息后,在安徽桐城老家守孝的过程中重新梳理了自己的为官之道。通过废太子一事,张廷玉更加深刻地认识到康熙帝的反复无常:既要臣下负责,又不肯明确授权,导致在皇帝身边任职的大臣们危险重重。像佟国维、马齐这般在朝堂和内宫都有深厚背景的八旗大臣,都有随时被责罚的危险,那张廷玉这样既无派系,又无后宫背景的汉族官员,一旦陷入这种纠纷,处境肯定更加艰难。

更重要的是,张廷玉通过此次废立太子的风波发现,虽然太子胤礽复位,但是朝廷内部的主要大臣必然会因为此次事件分为两派。张廷玉因为父亲张英的关系肯定会被认为是太子派,可是从朝堂关系来看,以佟国维、马齐等为首的反索额图集团实力强大,太子能不能顺利继位还是问题。一旦太子之位不保,覆巢之下岂有完卵。加上这次康熙帝申饬众臣的诏书几乎全部出自张廷玉的手笔,即使他没有加入这次的纷争,一旦他们上台,他的日子必然难过。

所谓伴君如伴虎,特别是面对康熙帝这种朝令夕改的皇帝,一旦有一天他判定张廷玉应当对某项决策负责,张廷玉必将和马齐一样,瞬间被打入大牢。张廷玉决定好好利用丁忧时间仔细为自己的未来谋划一番。如果他像父亲张英那样一辈子待在南书房,未来一旦与反太子的势力有了过节,就会被朝堂上势力强大的对手逐出中枢。特别是在康熙帝百年之后，自己稍有不慎，很可能万劫不复。

既然皇帝秉性如此，自己在朝堂上又没有靠山，如果继续留在南书房，面临的危险太大。于是张廷玉做出了一个决定，不再留在南书房，同时还应与太子方面保持距离，尽快去中央六部中任职。一方面积累处理实际政务的经验；另一方面为自己今后在官场周旋留一条后路；最后，即使再不济也可以像当年弹劾明珠的郭琇一样，被贬到地方任职，也是总督、巡抚的待遇。

张廷玉曾作诗感慨为官之难："月亏方就盈，阳尽斯来复。静观天地机，回旋似轮轴。盛满易为灾，谦冲恒受福。所以贤哲流，秉心若虚谷。名高气益卑，位显心弥肃。大智询刍荛，殊勋谢舆服。常思重载车，不为再实木。以兹保初终，何忧易倾覆……"

不过计划永远赶不上变化。就在张廷玉三年丧期将满，准备回朝中续任的前一个月，康熙五十一年（公元1712年）九月，太子胤礽二次被废。这次太子遭废黜的理由是和步兵统领托合齐、尚书耿额、齐世武，都统鄂缮、迓图等人"结党会饮"。这里面让康熙帝感觉比较危险的是步兵统领托合齐。步兵统领这个职务虽然品级不高，却是需要皇帝亲自委任的重要官职，主管北京城九门以内的两万精锐军队，俗称"九门提督"，是保护皇帝的最重要的职务。担任这个职务的官员只听皇帝一人的命令，不能与任何皇子有来往，更不用说和太子"会饮"，因为这样有谋朝篡位之嫌。康熙帝本来就是一个疑心很重的皇帝，刚刚被复立的太子这样做无疑触到了他的忌讳。结果这次康熙帝下达的处罚更重：托合齐、耿额、齐世武全部被判处绞刑，立即执行；鄂缮免于一死，改为幽禁；迓图被罚入辛者库去守安亲王墓。

这就等于直接斩断了太子还未丰满的羽翼，表达了皇帝对太子的失望，太子再度被废只是时间问题。就在所有人都在寻找下一棵"大树"的时候，张廷玉却显得十分冷静，他非但没有去结交朋党，反而在康熙帝身边时更加注重言行，对皇帝的家事从不轻言妄谈。他的做法打动了多疑的皇帝，对他更加信任。

康熙五十一年（公元1712年）九月，太子胤礽二度被废，囚禁于咸安宫。一向小心谨慎的张廷玉，不但没有受到牵连，反而被调回康熙帝身边，仕途顺风顺水，数次充会试同考官，后又兼翰林院修撰。康熙五十四年（公元1715年）兼翰林院侍读。康熙五十五年（公元1716年）十二月，越次擢升内阁学士，兼礼部侍郎。康熙五十六年（公元1717年）十二月，充经筵讲官。康熙五十七年（公元1718年）十月，充武殿试读卷官；十一月，充纂修《省方盛典》副总裁官。可以看到，张廷玉的为官方向和晋升过程与其父张英如出一辙，康熙帝对他关怀备至，把他培养成一位有学问、知政务的国家柱石，既是为了让这位名臣之后更好地辅助自己，也是为了给后世之君留下一个胸有谋略、少言慎行的"衡臣"。

就这样过了八年，康熙五十九年（公元1720年），张廷玉得到了一个与众不同的历练机会，被任命为刑部侍郎，出巡山东，负责处理一起邪教案。

第三节　主政刑部 出巡山东

康熙五十九年（公元1720年），年近五十的张廷玉以刑部侍郎衔，出巡山东。由于这是第一次出京办理案件，张廷玉对此事印象很深，把整件事情的经过完整地记录在笔记《澄怀园语》中。

张廷玉自己的记录和《清史稿》有出入。《清史稿》关于张廷玉的传记是这样记载此事的：一位叫王美公的私盐贩子组织邪教，为害一方，山东巡抚李树德奉命清剿镇压，一次抓捕了一百五十多人，并由此得功回京。张廷玉自己的笔记里却是两件事：一件是山东盐贩聚众劫掠村庄，多时有数百人，南北通路几乎被阻断；另一件是一个叫鞠士林的秀才组织邪教，召集亡命徒准备从事不法勾当。两相比较,《清史稿》中的记载有点问题,王美公以一个私盐贩子的身份去组织邪教,不太符合他的身份,而张廷玉作为当事人的记录显然更为可靠。

这类民间起事在康熙年间数不胜数,实际上是当时民族矛盾和阶级矛盾激化的产物。作为最高统治者的康熙帝并不是被后世之人粉饰出的一代圣君,他对"民变"的处置非常残暴。

得知山东巡抚已经抓捕了一百五十多人,并且获得了初步的口供后,康熙帝决定委派时任刑部侍郎的张廷玉、都统陶赖、内阁学士登德前往济南,会同当地巡抚、总兵一起对这些人严加审讯。而且康熙帝在颁给张廷玉的明诏中对这次民变的性质进行了非常严重的定性:"伊等俱系妄称伪将军名号,谋为不轨之人。"这就等于把原本的邪教案件直接升级为谋反重罪。明诏还特别说明了派张廷玉前往的原因是怕耽误时间,导致发生新的"民变"。最后提出要求,要将这一干人等一并在济南正法,或者押往京师处决,绝不姑息轻饶。

张廷玉一接到这封诏书,心里就惴惴不安,一番思考之后,他认为不能够机械地按照康熙帝的诏令行事,草菅人命。如果那样做的话,自己确实省心省力,但是至少要杀掉一百五十多个已经被逮捕的人,此外还有可能要杀掉更多被牵连的人。清代处理"民变"惯常的方式是全部诛杀,有些地方的总兵甚至杀良冒功，用老百姓的头颅和鲜血染红自己的顶戴花翎。作为最高统治者的康熙帝一辈子疑心深重，对自己的亲生儿子都不放心，对在其统治下的广大老百姓就更加不放心了。所以，他不但不对这种行为加以管束，甚至抱有"宁可错杀，绝不放过"的态度，有意纵容地方官吏滥杀无辜，借以维护自己的统治。

面对这种血腥的现实，自幼读圣人书、即将步入知天命之年的张廷玉决定不盲从这位多疑的皇帝，大兴杀伐之事，而是要秉持儒家忠恕之道，用尽可能少的杀戮来解决此事。

为了促成此事，张廷玉对原本不熟的陶赖、登德两位八旗官员一路以礼相待，积极争取对方对自己的支持。两位八旗官员的政治能力和文化水平都不如张廷玉，也不愿意为这种事伤脑筋。他们知道张廷玉的父亲张英颇受康熙帝宠信，况且张廷玉是处理此事的主官，即便惹怒皇帝，也是这位汉族官员首当其冲。这种既不用自己担责任，又不用自己想办法的美差，两人自然没有异议。因此一路上，他们对张廷玉也恭恭敬敬，对他提出的"慎杀"的办案宗旨也表示同意。

三人到达济南府当天，张廷玉传见巡抚李树德，又命人找来当地负责审讯画押的官员，汇总所有犯人口供，自己详加审阅。由于此前他没有任何实际处理案件的经验，当地官员也就没有把这位钦差大臣当回事。

可是，凡事就怕认真。

几天之后，张廷玉通过仔细核查案卷、口供，对整个案件的脉络有了比较清楚的了解，他召集所有山东重要官员前来开会。会上，张廷玉当众宣布案件性质为："此盗案，非叛案也！"这句话一出口，事就大了。因为这和康熙帝所下旨意相悖——皇帝已将此事定性为逆案，怎么就改成盗案了？这就必须要向张廷玉讨个说法。眼看众人开始责难自己，张廷玉不慌不忙地拿起案卷，对所有在场官员解释道：这些犯人的供述中有称呼为仁义王、无敌将军这样的头领，还有自称义勇王、飞腿将军这样的头领。而"飞腿"不过是市井无赖的诨名而已。这些所谓谋逆的名号，完全是以讹传讹，经不起深究。

鉴于张廷玉是大清帝国主管刑狱的重要官员，其他到场官员见他说得头头是道，无法反驳，也就同意把这个案子从逆案改为盗案。张廷玉又把所有案卷详加审理一番后，判定就地正法为首七人、发配边疆三十五人、处刑十八人，其余已经受刑残废，或在狱中重病的七十二人没有被牵连，其中立即释放的有二十五人。

张廷玉这番处置其实已经犯了某些人的忌讳，动了某些人的利益。早在他从北京出发来济南之前，山东提刑按察司衙门（俗称臬司衙门）虽然只抓了一百五十多人，但几个首领招出的口供中已经涉及不下两千人。省内一些官员也想借此机会，以失察、疏忽的罪名打击一些与自己不和的同僚，借此获得升迁机会；

另一些官员甚至还想通过抓捕无辜民众充数，给自己表功，并借此发财。

张廷玉这样的处置方式让这两种人都失望了。于是，在张廷玉临走之前，山东许多官员集体向其进言：他们认为宽大处理涉案人员的做法不妥，因为涉案人员众多，这种处理方式很有可能导致张廷玉离开后，这些势力死灰复燃，给地方带来麻烦。张廷玉则以《尚书》中"罪疑惟轻，功疑惟重"的说法为理论依据，驳斥了这帮地方官的观点。最后，张廷玉抬出康熙帝以圣德感化万民的招牌，为自己的行为增加底气。康熙帝的"以德服民"虽然在当时并不是真的，但是张廷玉此时将它拿来立威，获得了奇效：山东地方官和同行的陶赖、登德当面都不敢再有异议，这不仅体现了张廷玉临机应变的机敏，也体现了他敢于为百姓发言的勇气。

张廷玉晚年谈起此案还颇为得意，认为自己处理此案的方法可以"告天下之治狱者"，彰显了为官者的仁义。他曾写了一首诗谈为官之道，大概就是受此次事件影响，有感而发，"我闻昔人言，苛政猛如虎。又诵魏风篇，硕鼠况贪取。嗟哉牧民人，煌煌绾圭组。乃以父母称，而为众所苦。骀虞有仁心，麟趾中规矩。蔼然太和气，千载如可睹。君子慎所择，休与毒兽伍。"诗中讲为官者当勤政爱民，以宽政为务，不能与那些鱼肉百姓的恶官为伍，这大概就是张廷玉对官员的期待和对自己的要求。而且,盗案和逆案的区别和意义也有天壤之别。如果是盗案,即便案子影响较大,仍然属于"刑事案件";而逆案规模再小,那也是一场"政治案件",会变得非常棘手。朝廷如果因盗案处理几个匪首,那在所有人看来都是天经地义的事情,不知细节的百姓们会为此拍手称快,对朝廷歌功颂德。而如果因为一场逆案杀了百余人,那极有可能引发更大规模的叛逆,因此产生的争论、谣言也会一发不可收拾,使当时的阶级矛盾更加尖锐。

张廷玉想得更多、更远,甚至超过了康熙帝。而且他认为,凡乌合之众,必有一二名巨奸为之倡率,若去掉这些祸首,安抚民心,从者皆可革面革心。他知道这种做法虽然不合康熙帝的旨意,但以他对皇帝的了解,若能为康熙帝树立宽容的名声,他相信即便康熙帝怪罪下来,到时他将这番道理讲明,历来标榜仁义的康熙帝也会从轻处罚。

回到京城之后,张廷玉还是因此案遭到了一些山东籍御史的弹劾。若此事发生在平时或换作其他人忤逆圣旨,很可能惹出大麻烦。好在此时康熙帝和朝中大臣的注意力已经全部被西北叛乱所吸引,而张廷玉的一番解释也在康熙帝那过了关。很快他被调任吏部侍郎。当时的朝廷机构中,吏部居六部之首,是明清时期朝廷最核心的部门之一,吏部尚书有"天官"之称。此番调任可以看作是康熙帝对张廷玉的提拔和肯定。

也就在这次事件前后，和张廷玉同年考取进士的年羹尧在四川巡抚任上崭露头角，被授予定远将军印，奉命出征，前往西北平叛。谁也没有料到，这次平叛的清军主帅竟在北京城内引起了又一次夺嫡风波。

第四章 万言万当 不如一默

康熙帝晚年在废立太子的问题上反复无常，以太子胤礽为代表的正黄旗势力和以皇八子胤禩为代表的镶黄旗势力在朝堂上明争暗斗，其他成年皇子尽皆卷入其中，史称"九子夺嫡"。

张廷玉在这场夺嫡斗争中谨守"万言万当，不如一默"的八字箴言，始终在本职岗位上兢兢业业，从不张扬，也拒绝选边站队。不过他主政吏部时，以雷霆手腕动手"打虎"，一改当时胥吏之弊，引起了雍亲王胤禛的注意。康熙帝去世后，他任吏部侍郎，继续留在中枢。

第一节 吏部打虎 胤禩瞩目

康熙五十九年（公元1720年），张廷玉刚刚以刑部侍郎衔出巡山东返回北京后不久，就被调任吏部侍郎，负责考功司工作，具体来说就是对各新任地方官员进行考核，并发放委任状。他到任的第一件事就是主持西北战事的主帅选拔讨论。

早在康熙五十六年（公元1717年），大清帝国西北战事又起。曾经和康熙帝三次在草原拼杀的准噶尔汗国重整旗鼓，在新任大汗策妄阿拉布坦的统帅下，再次威胁大清帝国西北地区的安全。此时康熙初年征战西北的费扬古等名将均已作古，康熙帝决定起用新人，他就此事询问了一众大臣。

这些大臣再次将战事和太子的选拔联系起来，他们知道这是一次难得的立功机会，而且哪一派掌握了这支西征精锐军队，哪一派就会实力大增。所以主帅属于哪一派系可能直接关系到未来太子的人选，多数镶黄旗一派的大臣选择支持八阿哥胤禩挂帅出征，但八阿哥从未带兵作战，并不熟悉用兵之法，如若让他挂帅，很可能会给清军带来灭顶之灾。镶黄旗一派大臣们不顾国家安危，只知党争的做法，让康熙帝感到愤怒和无奈，转而询问新任吏部侍郎张廷玉。因为康熙帝对这个凡事注重细节、少说多做的吏部侍郎颇为满意。每次康熙帝召对，他从不泄露所谈内容，也不留片纸于家中。甚至清朝正县级以上官员的履历他全都知晓，县衙门里胥吏的名字他也随口道来，和他父亲一样"有古大臣风"。最重要的是，他似乎没有被任何一方拉拢，这让多疑的康熙帝更想听听他的建议。

张廷玉没有直接回答康熙帝的问题，只是举出朝廷多次用兵西北，不是由皇帝御驾亲征，就是由康熙帝的大哥福全，或者是皇长子胤禔代父出征的实例。他的言外之意就是，西北大军是整个大清帝国最精锐的部队，所以必须由一位皇族出面统帅，方可御敌。至于具体人选，张廷玉并没有直说，只是简单提出代表皇子应该通晓军务，颇有威望。当时，符合这个条件的只有曾频繁扈从康熙帝出巡的皇十四子胤禵。

相对于主帅的任用，张廷玉更关注负责大军粮饷供应的陕甘总督的位子。因为准噶尔汗国势力远不如大清帝国，之所以康熙朝屡次兴兵却不能彻底将其剿灭，关键原因就是西北为苦寒之地，后勤转运困难。为此西北用兵的关键是能不能及时将粮饷弹药源源不断地输送到前线。这样一个位子上的必须是一个得力之人。

张廷玉的话什么都说了，又好像什么都没说。康熙帝听懂了他的弦外之音，决定先提拔张廷玉的同年进士年羹尧任四川巡抚，至于由哪位皇子挂帅出征，还需再思量。

年羹尧原本隶属汉军镶白旗，雍正年间被抬籍入汉军镶黄旗。他生于康熙十八年（公元1679年），比张廷玉小七岁。其父年遐龄也是康熙朝早年的中枢职员，后来官至湖广巡抚。所以年羹尧和张廷玉一样，被康熙帝由三甲进士改为庶吉士，入翰林院。不久，年羹尧被康熙帝派往四川、广东主持乡试，受到康熙帝的瞩目。

康熙四十八年（公元1709年），太子胤礽第一次被废后又被复立，康熙帝开始重新分配各旗统领，由皇四子雍亲王胤禛分领年羹尧所属镶白旗。当时胤禛和太子胤礽走得比较近，他的母亲乌雅氏属于满洲正黄旗一派。年羹尧和父亲年遐龄眼看镶黄旗一派遭了殃，立即转投正黄旗一派。当年胤禛就娶了年羹尧的妹妹为侧福晋，两人从此之后既是主仆关系，又有亲戚关系。这种两面讨好、八面玲珑的做法，受到了希望朝局稳定的康熙帝赞赏。

不久，年羹尧就被康熙帝升为四川巡抚，未到三十岁就开府建牙、起居八座，可谓少年得志。当时，蒙古的准噶尔部妄图进攻西藏，年羹尧率军出剿，张廷玉任职吏部要做的第一件事就是办理年羹尧受定西将军印的事情，年羹尧准备出兵西北，攻打策妄阿拉布坦。

看着同年进士已经横刀立马，即将立下旷世之功，张廷玉心中毫无波澜，一心想着办好自己的差事。他协调各方，使军政大权平稳交接。张廷玉曾有诗云："智慧秉诸性，富贵锡自天。人生宇宙间，何者自能专。惟有善恶念，我得操其权。纵之为盗跖，敛之为圣贤。只此方寸地，返观恒湛然。转移在顷刻，流芳在千年。吾愿学道人，植德心宜坚。"在他看来，生死有命，富贵显达不可强求，自己能做的唯有守住道德本分。但是他的这种淡泊倒是让此时受命监管吏部的雍亲王胤禛感到好奇，开始注意这个始终置身事外的人。

在此期间，张廷玉在吏部做了一件事，再次让胤禛对他刮目相看。当时康熙帝已经年近七旬，随时可能龙驭宾天，驾鹤西游，满朝文武的焦点此时全部都集中在太子的人选上。偏偏官居二品的吏部侍郎张廷玉对此表现得毫不关心，反倒把注意力放到了一位张姓胥吏欺上瞒下的小事上。

官和吏两类人员，到了清代已经属于两个阶级。"官"高高在上，属于靠读书做官的精英阶层，但他们大部分脱离实际事务，醉心于庙堂之上的争权夺利，相互倾轧。同时，朝廷正式的官员编制数量很少，却要全面负责大清帝国官员的"班秩迁除""京察大计""勋级封赠""推恩抚恤"等一系列事情。更要命的是，再除去一半以上从康熙朝中后期开始就光拿俸禄而不干事的满族官员后，真正有能力处理政务的官员更是少之又少。

正是因为官员人数太少，大清帝国运行起来就离不开

"吏"。"吏"的正式称谓是"胥吏",是由汉代的两种基层官员演变而来,胥本意是军中的什长(在古代兵制中,十人为"什"),吏本意是乡中治理的乡长,合起来就是指古代官僚体系中最底层的办事人员,同时又是面对老百姓的最直接的管理人员。在正统史书中,这帮人并不入流,基本都被忽略了。实际上,"胥吏"大多粗通文墨,有一定文化水平,对内负责文书拟写,对外负责奔走差事,他们多从民间选出,对政策的实际执行能力和变通能力远远超过一般读书人。当然,他们的种种小聪明逃不过一贯精明的张廷玉的眼睛。

刚到吏部侍郎任上的张廷玉,接到手下属官呈送给他的直隶巡抚递送的一封公文,发现里面误将"元氏县"(今河北省石家庄市元氏县)写成了"先民县"。属官认为这是直隶巡抚办事马虎所致,需要吏部发出一份正式公函,对这位巡抚加以申饬,以示惩戒。张廷玉拿过公文只看了一眼,就笑着对属官说:"不必问该巡抚,但问汝司书吏便知。"张廷玉这番话本来是给这位属官一个台阶下,让他自己去问手下胥吏就能明白。但是这位属官不明白新上任的吏部侍郎葫芦里卖的是什么药,以为他和直隶巡抚有交情,在出面维护直隶巡抚,为避免将来上级怪罪,他便非要向张廷玉问出个所以然来。

张廷玉也不再卖关子,向他解释了其中原委。如果是将"先民县"写成"元氏县",那么必然是直隶巡抚的问题,因为从字形来看，"先民"改成"元氏"必然露出马脚，反之"元氏"改成"先民"则非常容易，只需要略添几笔而已。胥吏的目的就是借机敲诈地方督抚：大清帝国属地广大，交通不便，各位督抚不可能长时间待在天子身边，往来联系全靠公文。由于公文太多，皇帝看不过来，一般只有重要的督抚公文，皇帝才会看原文，其他只能依靠手下官员看后写节略，再让皇帝过目决策。节略就是把一篇很长的奏折提炼出中心思想，编在一起供皇帝参考，了解事情概要。可官员人数不够，难以顾及这些事情，而写节略也不是什么难事，就交由手下胥吏代写，而完成之后，繁忙的官员们通常不会再审阅一次。胥吏就以此作文章。比如这里的"元氏"与"先民"，不过是告诉封疆大吏赶快拿银子做"润笔"的手段而已。这种错误看似不起眼，但是可以被看成工作上的重大失误，甚至到了有心之人手中，可以解读出更加严重的罪状。大清帝国常有文字狱，有诸多避讳，稍有不慎，还可能被视为杀头大罪。当时所有公文必须用一手漂亮的蝇头小楷誊写清晰，而"元氏"改成"先民"这几笔改动，很难被查出来，没有哪个封疆大吏会为了节省几两银子的"润笔"费，而承担这样的风险，只有乖乖奉上，破财免灾，以求平安。

这在张廷玉的那位下属看来不可思议：一个没有品级、不入流的胥吏，竟然敢公开勒索一品封疆大吏？张廷玉也不再过多解释，让他按照自己的指示去问手下办事的胥吏。果然，那胥吏不敢抵赖，承认是自己疏忽所致。不过这种事情无法定性，更无法给胥吏定罪，只能把他赶出吏部大堂了事。由此可见，胥吏的犯罪代价极低，收益却不菲，康熙一朝胥吏与贪官相互勾结，欺上瞒下，已然成风。

张廷玉拒绝与这些胥吏同流合污。他在吏部侍郎任上几个月之后，经过一番调查，将吏部里面最嚣张、绰号"张老虎"的一位胥吏交付有司查办，最终将他押回原籍，永不叙用。

这位被称作"张老虎"的胥吏，以今天的眼光来看，就是一只非常令人讨厌的"大苍蝇"：他虽职位低下，属于底层公务人员，却是吏中一霸。"张老虎"利用长时间在吏部供职的机会，以及对吏部法规制度的熟悉，舞文弄墨，用"公事公办"的办法，"合法"刁难其他官员。这可比之前改公文事件难惩处多了，因为他的行为都披上了"合法"的外衣。比如，奏折中必须避讳皇帝的名字，可康熙帝的名字"玄烨"二字不好避讳，所以当时很多大臣在上奏中多用缺笔字，表示对皇帝的尊敬。可这位"张老虎"任职多年，熟悉各省总督、巡抚的笔迹，他经常故意在皇帝的名讳上将缺笔补上，让一些不肯行贿的地方督抚获罪，以引起各级官员的重视，借此和一些高官拉近距离。由于在吏部经营多年，为各级官员都办理过各种私人事务，他的一系列关系盘根错节，像毒瘤一样腐蚀着吏部。

果然，在张廷玉究办他之后，马上就有内阁和各部官员找张廷玉求情，说"张老虎"如何精明能干，话里话外流露出让张廷玉收回成命的意思。张廷玉饱读圣贤书，心中自有是非曲直，绝不会让这样的蛀虫继续留在吏部。加上他常年跟在康熙帝身边公干，属于天子驾前幸臣，当他心中已有了对这件事情的是非之辨，自然不可能把这些话太当回事，所以他根本不理睬这些为"张老虎"说好话的人。

可接下来事情的变化却出乎张廷玉的意料。当天下午，他从吏部回到家里之后，立即收到一位知己故交给他发来的书信，里面全部是为"张老虎"解围免责的说辞。张廷玉没有想到"张老虎"的反应竟然如此迅速，也没有想到他的关系网竟然如此发达，不过短短一天时间，他立即就能摸清楚自己的社会关系，从故旧知己入手，找来一批人说情。在张廷玉看来，这不仅仅是说情，还有点恐吓的意思：把他在京城的关系网摆给张廷玉看，潜台词就是要"提醒"张廷玉，他并不是简单的胥吏，背后的势力树大根深。

可一向在皇帝面前"万言万当，不如一默"的张廷玉这次却亮明了自己的底线。面对亲朋故旧的求情，他绵里藏针地回了一句："既已出示，难于中止。"以其人之道还治其人之身，以"法"大于"情"不软不硬地把所有人都顶了回去，这让一众求情的官员无话可说，毕竟张廷玉是根据朝廷流程行事。"张老虎"这次算是碰见了"真武松"，他知道胳膊毕竟拧不过大腿，没有人会真心实意地为了他这个胥吏去得罪吏部侍郎,他只能接受处分,怏怏回原籍去了。

第二天上朝时,几位相熟的同僚官员知道了张廷玉在吏部的"打虎行动",都拍手称快,称赞他:"君竟有伏虎之力耶!"张廷玉对这件事也颇为得意,晚年将其写进了回忆录《澄怀园语》中。

此时,负责监理吏部、礼部的皇四子雍亲王胤禛就通过这些事对张廷玉这个众人眼中的文弱书生开始另眼相看。

第二节 九子夺嫡 处之泰然

皇四子雍亲王胤禛,是康熙帝所有成年皇子中除太子胤礽之外,又一位正黄旗的重要代表。这位王爷心思缜密,注重细节。比如,他在写给年羹尧的信里就曾经批评过年羹尧,原因是年羹尧作为他的属人,在他的母亲德妃乌雅氏和他的儿子过生日时都没有前来问候,进京述职也没有去他的府上拜谒等一系列"小问题"。

胤禛看到张廷玉在吏部的一系列表现后,认为父皇的这位近臣可以引为知己。因为自太子胤礽在康熙五十一年(公元1712年)二度被废之后,过去了近十年,太子位一直虚悬,随着康熙帝年岁渐长，朝中大臣对此议论纷纷，夺嫡之争再起，自己如果想要参与其中，必须有张廷玉这样的人才相辅。

这场夺嫡之争中，最积极的依然是废太子胤礽，十年间有过三次大的动作。第一次是康熙五十四年（公元1715年），被圈禁中的胤礽借太医院中一位叫贺孟频的医生之手，用矾水书写信件（用这种方法书写的纸张，等晾干后，字迹就会消失，再次放入水中又可显出字迹）和正黄旗将领普奇等人联络，准备利用自己还在朝中的正黄旗势力，将普奇推举为大将军，为自己重回太子位增添砝码，结果太医贺孟频直接向康熙帝举报，导致太子的计划破产，普奇等人全部下狱获罪，正黄旗一派再受打击，几乎陷入朝中无人的境地，废太子胤礽也彻底绝望。

出乎所有人意料的是，第二次出面为废太子说话的是江南东林党一派的汉族官员，领头的核心人物是文渊阁大学士兼礼部尚书王掞。王掞学识渊博，为人正派，深得康熙帝信任，他认为胤礽是康熙帝嫡长子，按宗法制度，立他为太子是理所当然的，不可无端行废立之事，恐引起朝中震动。实际上潜台词是说康熙帝两次废太子的理由都属于捕风捉影：一次"帐殿夜影"，一次"聚众饮酒"，在信奉儒家学说的汉族知识分子看来，这些都不能算是罪过。既然无罪，自然就要复立。

王掞家是江南望族，他的话代表着明末演化而来、以江南地主阶级为代表的东林集团的利益。所以，王掞的密奏被康熙帝留中不发。紧接着，就在这一年冬天，江南溧阳人、张廷玉同年进士、御史陈嘉猷等八人上书康熙帝，要求复立胤礽。这一下把事情搞复杂了，朝中反对胤礽的镶黄旗一派马齐等人在前一年已经复起，遂认为王掞等人的上书是结党，准备重处，以儆效尤。王掞得到消息，恐生变故，不敢再进宫奏事，只在宫外候旨。

这个时候康熙帝的表现特别让人难以捉摸。他看到内阁票拟的处分后，当着索额图的盟友、胤礽的老师、张英好友李光地的面，肯定了王掞建议立储的密奏原则上是没有问题的，有问题的是不应该让御史陈嘉猷等人一同上奏，这有明末党争的影子。不过康熙帝认为内阁票拟的处分太重，决定亲自召见王掞。

李光地本来就属于胤礽和索额图一派，他立即顺水推舟地告知康熙帝，王掞早就在宫门外听候发落。康熙帝立即召见，七十多岁的王掞一溜小跑来到皇帝身边脱帽谢罪，康熙帝故意让所有人退下，只留下王掞密谈很久，至于内容无从知晓。但第二次为太子翻案的行动就此终结，没有结论。

不过镶黄旗一派的揆叙、王鸿绪等人渐渐意识到废太子胤礽只要还活着，对他们就是一个威胁。此时大阿哥胤禔、八阿哥胤禩在之前的夺嫡斗争中都已经功败垂成，胤禔被圈禁，胤禩爵位一直停留在贝勒，无力和已经成为亲王的皇三子胤祉、皇四子胤禛、皇五子胤祺等人相争。与八阿哥同属一派的九阿哥、十阿哥爵位不过贝子，也都不成气候。这帮人密谋一番后，决定构陷胤礽，以免夜长梦多，受到报复。

不过事情在这时又发生了变化。

镶黄旗一派的做法引起了一些原本持中立态度的满族官员的不满。第三次出面为废太子说话的是满族官员。康熙五十七年（公元1718年）二月，镶白旗的满族翰林院检讨朱天保上书为废太子胤礽鸣不平，请求康熙帝复立太子。结果被康熙帝身边的人①构陷，康熙帝大怒，亲自审问朱天保等人，最后将朱天保直接处斩，所有关联人员一并处罚。

虽然复立太子之事三次被康熙帝否决，但是镶黄旗一派仍然没有可以参与夺嫡的合适人选。到康熙五十七年（公元1718年）冬十月，镶黄旗一派重新看到了希望：皇十四子胤禵被康熙帝任命为抚远大将军，统兵前往西北平叛。而且这次胤禵出征被授予两项特权：上御太和殿授印，命用正黄旗纛。这就等于说胤禵这次是代父亲出征，规制类似皇帝。

按理说，胤禵也是正黄旗乌雅氏德妃的儿子，原本应该和皇四子胤禛同属正黄旗一派，不过他却有些特别。因为他在胤礽第一次被废、皇八子胤禩被康熙帝严责的情况下，是唯一一个敢

---

① 在《清史稿》中，构陷朱天保的人是阿灵阿。原文为"阿灵阿，允禩党也，媒蘖之曰：'朱天保为异日希宠地。'"但阿灵阿已于康熙五十五年（公元1716年）去世。

于替兄弟挺身而出，当面指责康熙帝不公的人，以至于康熙帝大怒，欲拔刀杀他，幸亏皇五子胤祺拼死抱住康熙帝，他才得以幸免。所以在镶黄旗一派看来，这个皇子至少可以争取一下，是没有选择的选择。于是整个镶黄旗一派，包括皇八子胤禩都开始逐渐倒向胤禵一边。

另一方面，康熙帝冷静下来后也发现，在当时的情况下，年轻气盛的胤禵根本就没错，真正有错的是出尔反尔的自己，只是他不能承认皇帝也会出错。之后，康熙帝对这个赤诚坦荡的小儿子越来越青睐。虽然一直没有提升他的贝子爵位，但是所有的赏赐和礼制基本都遵从了亲王待遇。此番胤禵代父出征，康熙帝亲自下诏给蒙古诸王，表示胤禵可以全权代表自己，指挥蒙古诸部配合作战，这也表明了他对胤禵的信任。为了确保小儿子能打赢策妄阿拉布坦，他还专门调自己信任的年羹尧为四川总督，负责协助调遣大军军需。在康熙帝看来，年羹尧在朝中根基很浅，资历也不够，能完全听命于自己这个资历、年龄都嫌不足的儿子。

更重要的是，胤禵身上有个其他皇子都不具备的优势——他的母亲出身正黄旗名门乌雅氏，对正黄旗一派有天然的号召力；他曾经不顾后果出面救过镶黄旗一派的哥哥胤禩，说明他心中很重视兄弟之情，可以利用这份感情收服镶黄旗一派。如今正黄旗胤礽一派和镶黄旗胤禩一派因夺嫡已经势同水火，只有让胤禵继承大清帝国皇位，才能够顺利完成权力的交接，至少在被视为国本的满八旗内部，不至于产生严重内斗，导致政权颠覆。

还有一点就是胤禩的年龄刚刚好。康熙帝八岁登基，在皇位上坐了六十年。康熙五十八年（公元1719年），胤禩（生于公元1688年）只有三十二岁，正值年富力强、充满干劲的年纪。封建王朝最忌讳皇帝执政时间过短，考虑到以胤禩为代表的皇子已经年近五十，其他皇子尚且年幼，康熙帝选择胤禩作为皇嗣的可能性很大。

这一点在吏部侍郎任上的张廷玉自然也看得出来，他看出康熙帝破格提拔年羹尧就是在为下一代的皇帝储才。但是他对于夺嫡之事仍采取不参与、不接触、不谈论的策略，所以协理吏部的胤禩几次试图找他谈论此事都被他推拖，坚决不愿意搅和进去。

不过，恰恰是张廷玉这种谨慎、持重、细致的表现，打动了注重细节的胤禩。既然不能谈夺嫡的事，那就谈点别的。两人逐渐熟络之后，经常在一起吃饭聊天。根据张廷玉后来的记载，胤禩吃饭的时候，"饭粒饼屑，未尝弃置纤毫"，出身帝王家的人有这种勤俭节约、爱惜粮食的生活习惯，让张廷玉感到十分亲切。于是两人逐渐形成一种淡如水的、在当时的氛围下略显奇怪的"君子之交"。

一日，两人私下闲聊，胤禩对张廷玉聊起了自己："与人同行，从不以足履其头影，亦从不践踏虫蚁。"这种谨慎的做法和张廷玉相当投契。于是张廷玉也赶紧向这位王爷介绍了父亲张英

"万言万当,不如一默"的家训。胤禛早年在上书房的老师就是张英,两人一个谈起恩师,一个说起先父,自然越聊越投机。

其实,在康熙帝所有的皇子当中,胤禛崇儒礼佛,算得上是中国传统知识分子眼中合格的皇帝人选。加上张廷玉和父亲张英素来都被看成正黄旗索额图、胤礽一派,胤禛也天生是正黄旗的代言人,所以两人相互引为知己,也算是顺理成章。

不过这时胤禛的主要精力还不可能放在张廷玉身上,他也有自己的想法,想成为康熙帝的接班人,为此他开始重点笼络两个人:隆科多和年羹尧。

第三节 敏行讷言 君子之风

隆科多是镶黄旗一派佟国维的儿子,他的姐姐是康熙帝的皇后佟佳氏。当年胤禛出生之时,生母德妃乌雅氏品级尚低,时为皇妃的佟佳氏刚刚丧女,按照清宫规矩,佟佳氏要把胤禛带到身边抚养。所以胤禛一直把孝懿仁皇后当成自己的嫡母和养母,与她的感情甚至要好过生母乌雅氏。

这样一来,隆科多也就成了胤禛的"舅舅"。但隆科多的问题也很明显,主要是他能力不足,不仅没什么真才实学,而且对手下之人也疏于管理,导致他的手下经常做出一些违法乱纪的事情，甚至为害一方。康熙帝碍于皇后和佟国维的面子，虽然没有重罚隆科多，但是很长一段时间内，并未让他担当实际职务，只保留一等侍卫的虚衔，未予以重任。

索额图倒台和两次废太子之后，正黄旗实权人物基本都被清除出朝廷中枢，随着马齐复起，成为中枢魁首，揆叙、阿灵阿、王鸿绪等镶黄旗一派把持了朝中重要位置。康熙五十年（公元1711年），佟国维的儿子隆科多被任命为正二品提督九门步军巡捕三营统领，即步兵统领衙门都统，俗称"九门提督"。这个位子非常重要，相当于京城卫戍部队总司令，所属部队人数两万左右，是皇帝身边人数最多、兵力最强、离得最近的一支武装力量，也是直接关系到皇帝安危的一支军队，非亲信官员不能担任此职务。

由此可见，康熙帝虽然清楚隆科多的能力并不强，但是至少对他的忠诚度是没有疑问的。

康熙五十九年（公元1720年），隆科多又被加授理藩院尚书。理藩院是中国历史上只有大清帝国才有的机构，其尚书负责"掌内外藩蒙古、回部及诸番部，制爵禄，定朝会，正刑罚，控驭抚绥，以固邦翰"，意思是，理藩院负责与蒙古、西北各少数民族的外交工作事宜，除了外交事务之外，理藩院有一个重要职能就是负责监控被圈禁的大阿哥胤禔和废太子胤礽。隆科多此时一面管理着京城军务，保护皇帝安危；另一面监管着镶黄旗派和正黄旗派想要拥立的两个对象——可能的未来之主。可以说他掌握了大清江山现在和未来的命脉，一旦康熙帝晏驾，他倒向任何一边都是决定性的力量，也必然会获得拥立之功。

但有一点镶黄旗一派马齐等人却没有看到：隆科多能力很差是众所周知之事，当时处于核心权力圈的所有人都看不起他。而且他们认为他身为佟国维的儿子，必然会倒向镶黄旗一派，不用特别拉拢。隆科多上任步兵统领衙门都统之后，吸取前人托合齐因在太子家聚会而被杀的教训，谢绝和一切皇子的往来，甚至连亲戚都不见，一心听从皇帝差遣。所以这样一个重要人物没有被任何一派拉拢，逐渐变得离群索居，不再和任何人交往。张廷玉再次见到隆科多时，也觉得他和先前纵容属下飞扬跋扈的那个皇亲国戚已经判若两人，有了一份持重之威，不由得对其刮目相看。

就这样，各派力量一直僵持到了康熙六十年（公元1721年），康熙皇帝已经年近七旬，却还未立太子。之前和康熙帝密谈的王掞也按捺不住，再次上书，用更激烈的语气提出释放废太子胤礽。按照常理推断，康熙帝之前并没有否定王掞提出的复立太子之议，只是认为他不应该结党，而且两人当时还密谈了一次，虽然内容没有人知道，但结合王掞这次上书来看，两人密谈时康熙帝大概率是同意复立太子的，否则王掞不可能再上书提复立之事。

可是，这次又是其他人的"帮忙"坏了事：以御史陶彝为首的十二人联名上书康熙帝，要求复立太子。这一来又触动了康熙帝对结党的敏感神经。在此后责问王掞的诏书之中，康熙帝甚至指名道姓地对其祖先王锡爵一并责骂，甚至把明朝灭亡的原因都归咎于他——"锡爵在明神宗时，力奏建储，泰昌在位，未及数月，天启庸懦，天下大乱，至愍帝而不能守。明之亡，锡爵不能辞其罪。"这次康熙帝没有给王掞留面子，而是直接下旨将他发往军前效力。

可见，康熙帝此时已经愤怒至极。

张廷玉则因为自己的谨慎再次躲过了一劫。之前陶彝找人联名上书的时候，也曾想起如今身居要职的这位同年，张廷玉认为陶彝官居御史，上书言事是他职权范围之内的事，但是自己是吏部侍郎，没有理由参与立储之事，所以没有参与这次上书。当然，张廷玉没有参与这次上书更有可能是在与皇帝的相处过程中，发现此时康熙帝心中的继位人选已经变成了皇十四子胤禵，或者他深知康熙帝对立储之事的纠结与敏感，故此时再推举废太子胤礽必然会犯皇帝的忌讳，所以拒绝联名上书。陶彝见他态度很坚决，就没有勉强。不出所料，上书之后果然惹怒了皇帝，众多官员一并被罚，而张廷玉谨守"万言万当，不如一默"的箴言，再一次没有受到牵连。

经过这么多的事情，康熙帝更加发现像张英、张廷玉这样的纯臣对朝廷、对社稷、对自己来说是多么可贵。康熙六十年（公元1721年）五月，康熙帝前往避暑山庄调养，他知道此时朝堂上下已经十分动荡，所以没有像往常一样带着张廷玉前往，而是留他在京处理政务，仍在内阁协助批本阅折。康熙帝回銮之时，张廷玉与众大臣于古北口外迎驾，康熙帝特意驻辇慰问，并赐御馔于行宫。

然而计划永远赶不上变化。准噶尔大汗策妄阿拉布坦虽然屡屡在西北被大将军王胤禵打败，却总是败而不走、败而不溃。西北战事持续了一年多，康熙帝的身体也每况愈下。而朝廷中由于佟国维、马齐、劳之辨、王掞、朱天保等一众人等的教训近在眼前，谁也不敢再提立储之事。

就这样一直拖到了康熙六十一年（公元1722年）十一月丙子，康熙帝突然病倒，离开了皇宫入住畅春园。

此时张廷玉转任吏部不久，从一系列人员安排来看，康熙帝在重病之时搬入行宫而不是回到紫禁城颇有深意。一个很重要的原因就是宫禁森严，难以和外面交通消息。此时皇帝已经病重，而皇位继承者并未确定，如果留在紫禁城内，很可能结局和当年的齐桓公一样。而畅春园行宫相对较小，且妃子不得皇帝诏令不能出宫，所以康熙帝在这里还能最后行使自己的权力。

张廷玉原本以为康熙帝心中默认的继位人选是皇十四子胤

禵，可是两天后庚寅日，却传出康熙帝命皇四子胤禛代父祭天的消息。古人说："国之大事，在祀与戎。"康熙帝把这一母同胞的两兄弟一个派出去统兵打仗，一个派去主持祭祀大礼。从这一先一后中，机敏的张廷玉从中品出了区别：有可能康熙帝一开始是想让胤禵继位，可惜战事拖得比他预想的要久，现在自己大限将至，理想的继位人却远在边疆，不能及时回到京城继承皇位。此时如果康熙帝强行立远在边疆的胤禵为帝，当自己龙驭宾天后，在京城的这些皇子极可能为了皇位刀兵相向，国家立即就会分崩离析，甚至他自己都不一定能够善终。为了不让这种事情发生，康熙帝需要让皇权平稳过渡。所以，两害相权取其轻，现在康熙帝能做的就是就近选择一个继承人稳住朝局，让国家避免分裂，让自己能够善终，也就是说他之前所做的一切安排都成了镜花水月。

康熙帝最终决定立皇四子胤禛为帝。一来胤禛在康熙帝心目中的印象很好，正如胤禛跟张廷玉交心时所说，他是一个走路都不踩别人影子，路过都不踩蚂蚁的人。在诸位皇子为争夺储君位不择手段、广培党羽、相互倾轧时，胤禛却仿佛对皇位没兴趣，只是安心帮父皇办事，礼佛尽孝，完全置身事外。早已对立储之争厌烦的康熙帝由此对胤禛的印象很好。二来胤禛年纪够大，经验又丰富，他帮助康熙帝推行了多项政策，每次都能很好地完成一些棘手的事情，在这种危急的形势下可以稳住局面。三来胤禛虽然和太子胤礽同属正黄旗一派，却也和镶黄旗一派表面没有大的冲突，立他比立胤礽带来的矛盾要小得多，加上胤禛和胤禵是一母同胞，立他也可以保全胤禵，如果这两兄弟可以像他与福全一样兄弟齐心的话，对大清帝国更是一件好事。所以立胤禛为储君，几乎就是康熙帝在当时情况下最好的选择。

康熙六十一年（公元1722年）十一月甲午，康熙帝在畅春园驾崩，享年六十九岁。之后由隆科多传达遗诏，雍亲王胤禛正位大统，即皇帝位，改年号雍正，史称雍正皇帝。由于康熙帝的死太过突然，加之雍正帝继位之前，在朝中的势力并不强大，一时之间谣言四起，雍正帝位岌岌可危，清朝陷入了一场新的危机。

伴随康熙帝身边多年的张廷玉可以说是最能深刻理解"伴君如伴虎"这句话的人。由于康熙帝过于贪恋权柄，导致太子之位一直悬而不定，诸子遂起争夺之心，官员也拉帮结派，相互倾轧不止。康熙帝自己又首鼠两端，不愿对废立太子之事负责，实际上也反映出了这位皇帝对大权旁落的担忧，以及对九五之尊位置的留恋。这种自私的心态让他在自己生命的最后十年里，不愿意再立太子，不愿意指定继承人，直到生命的最后一刻，依然牢牢握住大权不放，也直接导致雍正帝继位的正统性受到外界的质疑。

然而康熙帝对张廷玉的呵护和喜爱是毋庸置疑的，张廷玉虽然对康熙帝的有些做法难以认同，但他对康熙帝的忠心和真诚也是绝对的。张廷玉以名相之子受恩于康熙帝,得以常侍皇帝左右,在古代这是一种殊荣。他一生从康熙帝南巡者三,从避暑口外者十一,从行围者三,从巡行蒙古者二,从至畿辅者一,从谒陵者一,从至南苑者一。据《澄怀主人自订年谱》中记载,张廷玉随康熙帝视察河务时,"每日抱书珥笔,登供奉舟,与御舟相去咫尺,中使传旨且数至,膳馐茶果之赐,无日无之",可见君臣二人关系之亲密。《澄怀园语》记载,康熙帝驾崩后张廷玉十分心痛,号啕不止:"匍匐乾清宫,号泣累日,夜则斋宿于吏部。"面对朝堂如今这番混乱的局面,张廷玉更多的是为康熙帝这位继往开来的"千古一帝"感到惋惜。

至于坊间传闻隆科多私改诏书一说,在张廷玉等朝臣看来不值一驳。遗诏必是由满文和汉文共同写就,想要篡改谈何容易,而且经过长时间的接触,张廷玉也能看出隆科多没有这等能力和魄力。至于后来那个不可一世的年羹尧,在张廷玉看来他更多是康熙帝的亲信,而不是雍正帝的亲信。雍正帝对年羹尧的嚣张跋扈早就看不过眼了,他身为雍亲王之时,在吏部和张廷玉的谈话中曾多次提到。

果然,雍正帝继位之后,隆科多和年羹尧成了最早倒霉的两个人。而谨小慎微的张廷玉再次成了新皇帝的智囊。雍正帝即位后,提拔了这位与自己颇多相似的"沉默者",命张廷玉协同翰林院学士阿克敦、励廷仪等办事,赐一品荫生。

我们现在看回这段历史可以发现，康熙帝这样朝令夕改对一个国家的发展来说简直是一种灾难，更不用说康熙朝此起彼伏的农民起义、贪腐横行的贪官胥吏、草菅人命的司法体系、空空如也的国库财政、横征暴敛的火耗制度、问题层出不穷的土地兼并、四方不断的民族冲突，实际上给雍正帝留下的江山是一个千疮百孔的、百废待兴的"烂摊子"。

面对徒有其表的万里江山，似乎很难有人能够彻底解决这一系列问题。不过雍正帝这位中国历史上杰出的帝王改革家，将和张廷玉一起挽救并托起这千疮百孔的江山。

康熙帝驾崩后，梓宫停在乾清宫，新继位的雍正帝在东厢房为亡父守灵。他席地而坐，晨夕涕泣，群臣前来奏事，则忍泪裁断。凡有诏旨，就命张廷玉入内，口授大意，让张廷玉拟写成折。张廷玉或于御前伏地以书，或隔帘授几以写，雍正帝那边旨意说完，张廷玉这边初稿就已完成，可进呈御览。每日不下十数次，而张廷玉所写的内容皆称旨，基本无须修改。张廷玉也趁此机会，进一步了解了这位新皇帝的内心世界和处事风格。

这一时期，雍正帝对于张廷玉也不吝赞美，和张廷玉说了一番十分交心的话：

> 朕在藩邸时，不欲与廷臣相接，是以未识汝面。曩者，奉皇考命，会同大学士办理公事，汝以学士趋跄其间，朕见

汝气度端凝，应对明晰，心甚器重之。询之旁人，知为吾张师傅之子，朕心喜曰：吾师有子矣。后闻汝官刑部、吏部，皆有令名，更为喜慰。今见汝居心忠赤，办事敬诚，益知为天祖所笃生、皇考所教养，成兹伟器，以辅翊朕躬者也。汝其勉之。①

从古至今，从不乏皇帝对臣子的赞美，比雍正帝对张廷玉的这番话用词精美的不胜枚举，但似这般真诚、低姿态的绝无仅有。雍正帝知道张廷玉为父皇近臣，对朝中盘根错节的势力关系甚为了解，对能够建立属于自己的势力至关重要。而且张英曾为雍正帝之师，他相信张廷玉必然也和张英一样，能做一代纯臣、能臣，辅佐自己坐稳江山。张廷玉感激叩谢，涕泗不能止。为了进一步将张廷玉揽入麾下，笼络朝中文人之心，不久雍正帝特旨，称赞张廷玉之父张英不仅宣力先朝、教读皇子，为人又十分忠正勤谨，追赠其为太子太傅，以示恩眷。张廷玉受宠若惊，叩谢天恩。蒙谕曰："此朕仰体皇考圣心也，尔可至梓宫前叩谢。"

十二月，雍正帝又特赐张廷玉一些康熙帝留下的器物，张廷玉拜受之。不久，张廷玉被提拔为礼部尚书，又奉旨参与编纂

---

① 《张廷玉全集》，第380页。

记录康熙帝生平事迹的《圣祖仁皇帝实录》,任副总裁官。雍正帝谕曰:"汝世受国恩,又系皇考多年侍从之旧臣,当年圣德神功,无不亲知灼见。今膺纂修实录之任,纪载详确,惟汝是赖,汝其勉之。"①

正所谓"邦有道则知,邦无道则愚",恰逢明君的张廷玉一改"万言万当,不如一默"的八字箴言,秉持"君子欲讷于言而敏于行"的圣人之训,少说多做,积极主动,把主要精力都投入康熙帝的治丧工作中。在雍正帝的指令下,张廷玉用自己毕生所学,亲笔撰写的祭文得到朝野上下的一致肯定。本来就对他青睐有加的雍正帝立即把他提拔为礼部尚书,重回南书房当值,入主中枢,成为少数既有高品级、又有实职的汉族官员之一。

张廷玉也从此开始了自己三十多年的宰相生涯。

---

① 《张廷玉全集》,第381页。

第五章 雍正登基 廷玉秉政

康熙六十一年（公元1722年），清圣祖康熙帝爱新觉罗·玄烨在畅春园逝世。他死后，皇四子雍亲王爱新觉罗·胤禛正位称帝，改年号为雍正。胤禛登基后，为提高行政效率，解决西北用兵的多项问题，成立军机处。张廷玉成为第一批军机大臣。

原本在康熙朝退出中枢、进入六部的张廷玉在雍正朝得到重用，重回中枢，入直军机，秉政一时。在日常工作中，由于他博闻强记，文采一流，深受雍正帝器重，逐渐成为清代第一位实权汉臣。帮助雍正帝处置年羹尧、隆科多后，张廷玉的地位在雍正朝逐渐达到巅峰。

第一节　跻身枢臣　入直军机

雍正帝胤禛上位后，许多人都对康熙帝临终之前立其为储君感到十分意外。大部分人认为从康熙帝任命皇十四子胤禵为抚远大将军去西北平叛的举动来看，康熙帝原本是准备把皇位传给这个小儿子的。

但雍正帝继位是康熙帝当时唯一正确的选择。就在康熙帝驾崩之夜，吏部侍郎张廷玉回到自己府邸——那所康熙帝赐给他父亲的老宅子。国丧期间，张廷玉整理了自己从康熙三十九年（公元1700年）中进士后二十二年间的日记、笔录，全面回顾了这场持续了二十多年、被后世称为"九子夺嫡"的储位争夺大戏。他决定趁着大清国丧、百业消停之机，把这场夺嫡之争参详清楚，搞明白为什么皇四子雍亲王胤禛能够后来居上，最终被康熙帝选中。

康熙朝的夺嫡之争是中国历代封建王朝中最跌宕起伏的一次。一路走来，身为皇帝近臣的张廷玉亲眼见识到朝中官员分为正黄旗索额图一党和镶黄旗佟国维、马齐一派，彼此争斗不已。最早参与夺嫡之争的是大阿哥胤禔、太子胤礽、八阿哥胤禩。随着康熙帝两次废太子，胤禔、胤礽被圈禁，而胤禩的爵位被定在贝勒一级，比其他好几个已经进封亲王的兄弟差了几级，自然也就不在继位候选人的范围之内了。

张廷玉的笔记《澄怀园语》中，记载了在康熙五十七年（公元1718年）前后，康熙帝对皇十四子胤禵充满了无限期许，镶黄旗一派也对胤禵吹捧备至，整个朝堂都认为未来的皇帝已经非这位大将军莫属，就连张廷玉自己在日记中也是如此推断的。可是最终结果是皇四子胤禛突然被选中，难道真如坊间传闻，康熙帝并不准备传位给胤禛，而是胤禛夺了他弟弟皇十四子胤禵的皇位吗？

想到自己堂堂二品大员，竟然也和普通百姓一样开始相信这种流言，张廷玉不禁倒吸一口凉气。作为科举出身、世代读书的世家子弟，张廷玉认为康熙帝突然变更继位人选的答案要从书中去找，从清朝的历史中去找。为了搞清这个问题，张廷玉拿出了父亲张英曾参与编撰的《八旗通志》，开始研究大清帝国的传位制度。通过几天的静心思考，张廷玉敏锐地发现大清帝国的传位过程都有明显的部落选举制痕迹。清太祖努尔哈赤之后，清太宗皇太极、清世祖福临和清圣祖玄烨的继位都是依据部落制传统，是八旗势力选举出来的皇帝，也是各旗势力平衡的代表。这种选举方式比拼的是八旗各方的兵力、战功，每次选举都伴随着日后的清算。

按照这个思路，张廷玉终于理顺了八旗中各旗在皇位争夺中的此消彼长。张廷玉发现康熙帝上台的背后也是两黄旗间的斗法。福临死后，正黄旗索尼、鳌拜一派对母系属于正黄旗的玄烨的推举胜过母系属于镶黄旗的福全，康熙帝才得以上位。不过，正黄旗鳌拜的跋扈对年幼的康熙帝产生了深远影响。为了对付鳌拜等权臣，康熙帝从小研习帝王术，导致他虽然雄才大略，但也变成了一位千年难见的猜忌之主，他对自己的兄弟福全、岳父索额图和皇子胤礽都不信任，也就更不可能信任其他人。

张廷玉认为康熙帝自幼受汉文化熏陶，接受儒家学说，逐渐与企图继续按照八旗传统推选太子，同时还妄图进一步染指君权的正黄旗鳌拜、索额图等人产生了分歧。康熙帝将他们的种种行为视为大逆不道，坚决严惩。

在这位皇帝看来，所有的大臣只是工具，对皇权绝对不能僭越半步。果然，在跟随皇太极、多尔衮、福临打天下的两黄旗贵胄纷纷过世之后，亲政的康熙帝彻底废弃"八旗议政"传统，采用汉法，确立嫡长子为太子，明确了大清帝国的传位制度。不过到这一步，康熙帝仍然担心索额图与太子胤礽对自己的皇位构成威胁，为了避免正黄旗再度借拥立之功起势，威胁皇权，康熙帝又出手圈禁索额图、废除胤礽。可是，当镶黄旗一派推出和几个兄长比起来明显幼弱，且母系势力极弱的胤禩为傀儡之后，贪恋权位的康熙帝更加担心未来权柄滑落，为此不惜出尔反尔、复立太子。可在太子胤礽和康熙帝的亲信近臣步兵统领托合齐一次夜宴之后，康熙帝敏感的神经再度被刺激，他幻想出太子企图谋反的场景，并以此为据，大开杀戒，二次废黜太子胤礽。

张廷玉仔细回想了当年的情景，更加觉得此后康熙帝捧出的新任继位人就是皇十四子胤禵无疑。因为胤禵的母系虽然也是正黄旗，但是他在当年为保护镶黄旗一派的胤禩，差点被康熙帝亲手砍杀，所以他也是镶黄旗认可的人物。而且以康熙帝的猜忌之心，既然肯把全国的精锐交给他统领，去西北平定叛军，也说明他对胤禵是放心的。

可为什么最后继位的却不是他呢？张廷玉百思不得其解时，突然想起在康熙六十一年（公元1722年）正月，瑞雪初霁时，这位大限将至的皇帝仍特召在京职官年六十以上者两千多人，赐宴于乾清宫，还命翰林学士作文章赞襄盛事。当时在座所有鹤发之臣皆欢呼雀跃，康熙帝也龙颜怡悦，御制《千叟宴》诗一首，以示群臣，诗中不乏激昂慷慨。五月，康熙帝依然圣驾热河（承德）避暑，九月回銮。甚至十月初冬，康熙帝不顾近七十高龄，依然命自己扈从驾幸南苑行围。张廷玉意识到，康熙帝很可能不认为自己已经行将就木，觉得自己身体状况尚可。既然这样，他完全可以等到自己心爱的皇十四子胤禵成功击败西北策妄阿拉布坦回朝，到时便可凭此功劳，力排众议，让胤禵在所有人的拥戴下，被名正言顺、堂而皇之地立为大清皇位继承者。

可惜天不遂人愿。康熙帝在十一月戊子突然病倒，六天后的甲午便龙驭宾天。事情发生得太快，胤禵远在万里之外，消息都没有办法及时传到，更不可能把他叫回北京城来继位了。想到这里，张廷玉终于明白了，康熙帝突然病倒才是他最后突然或者说临时改变立储计划的根本原因。这样比较起来，选择皇四子雍亲王胤禛就是短时间里最好的应急方案了。

此时皇帝身边可以选择继承大统的皇子只有皇三子胤祉、皇四子胤禛和皇五子胤祺三人而已，通过比较，张廷玉发现了康熙帝选择胤禛，不选胤祉和胤祺的原因。

第一个原因是胤禛可以被两黄旗同时接受，不会引起两旗势力的激烈斗争。胤禛生母德妃乌雅氏虽属正黄旗，但地位不高，他早年被镶黄旗的孝懿仁皇后佟佳氏抚养，这就意味这个储君人选可以得到两边的认同。相较而言，皇三子诚亲王胤祉的母亲马佳氏属于正黄旗一派，皇五子胤祺母亲宜妃郭络罗氏是镶黄旗大族，其弟皇九子胤禟是镶黄旗一派的核心成员之一。这些皇子虽也地位尊崇，但任何人上位都会打破镶黄旗和正黄旗在朝堂上的平衡。所以比较之下，胤禛对于稳定朝局无疑是更好的选择。

第二个原因是胤禛为人真诚，能体谅下级的难处。这一点张廷玉在吏部时就已经深有体会。胤禛和他的父亲不一样，康熙帝的猜忌心较重，而雍正帝胤禛可以真正对臣下推心置腹，设身处地为臣下着想。并且雍正帝做事能够亲力亲为，他身为亲王时，经常替康熙帝到地方解决一些棘手的事情，对整个大清帝国官僚体系的运作规律比较清楚，对于州县官吏的难处和一些伎俩也十分了解。相较之下，皇三子胤祉为人奸猾，且不讲孝道，康熙帝的敬敏皇贵妃死后，他违反礼法，未满百日就剃发，因此被康熙帝厌恶。要知道康熙帝的嫡母孝惠章皇后博尔济吉特氏一直活到康熙五十六年（公元1717年）才去世，在其病重时，康熙帝曾亲自前去探望，他握着嫡母的手，嘘寒问暖，母子情深，所以他自然就讨厌胤祉这样不讲孝道的人。皇五子恒温亲王胤祺在历史上存在感很低，但也是能文能武的人才。他曾跟随康熙帝亲征，又曾在康熙帝要砍杀胤䄉时，舍身为弟弟挡刀，还是正黄旗统领。但他母亲宜妃郭络罗氏家族势力太盛，有形成外戚专权的危险，所以也可能因此被多疑的康熙帝排除在外。其实雍亲王胤禛在即位前存在感也不高，但他和皇十四子胤禵是同父同母的亲兄弟，为人也很真诚，康熙帝认为只有选他才能保证这场夺嫡之争就此结束。

　　康熙帝临死之前的决策是他一生之中做过的最对的一个。被临时选定的这位继承人干得特别出色，后世称其"论者比于汉之文、景"。因为雍正帝是一位深知治国之道在于治吏的皇帝。他在吏部时，曾有人劝他减少地方官员收入，雍正帝却能够站在地方官员的角度与他们共情，并以地方为政困难为由拒绝。在此时圣眷正浓的张廷玉看来，仅凭能够与臣下共情，了解下级官员和地方百姓的困难这一点，雍正帝就是超过康熙帝的明君。

想到这里，张廷玉记起自己早年间曾经和这位比自己小六岁的皇四子胤禛一起在父亲张英的教导下共同读书的岁月。既然已经想明白了雍正帝得位的原因，张廷玉也就想明白了自己的前途所在及雍正帝对自己这般真挚的根本原因：这位在即位前存在感很低的皇帝在朝中的势力并不是很强大，而且没有得力的班底，既然他必须要建立自己的班底，自己又和皇帝是旧相识，只要安心做好分内的事情，必然有机会再入中枢。

果然不出张廷玉所料，胤禛早在监管吏部之时，就看中了和他一样能够体察下情的张廷玉。即位之初，雍正帝便立即提拔张廷玉为礼部尚书，让他负责康熙帝祭文的撰写工作。这是当时的天下第一大事，也预示着张廷玉在新朝必将得到重用。

面对这样一位皇帝，张廷玉决定"以诚事君"。从史书上看，张廷玉虽然善于揣测皇帝的心思，却不善于言辞表达。他谨守"万言万当，不如一默"的祖训，实际上也是怕自己说错话，所以少说多做。而他晚年获罪正是因为说了不该说的话。既然不会说话，就不用刻意去说一些没必要的话。小聪明可以得逞于一时，只有"以诚待人"这样的大智慧才能保证自己的人生顺顺当当。何况雍正帝待大臣们多推心置腹，自然也喜欢大臣对他真诚。张廷玉这次看得很准，他在雍正朝诚心诚意帮助皇帝推行改革新政，态度明确，充分展现了一代名相之风。

雍正元年（公元1723年），张廷玉再进一步，入直南书房。紧接着负责顺天府乡试，又得以兼管翰林院，并担任编纂《明史》的总裁官。这一系列的晋升可把一贯谨小慎微的张廷玉吓得不轻，赶紧向雍正帝推辞，却被雍正帝回绝。而且这年朝廷开恩科，张廷玉担任会试正考官，由于他的弟弟张廷璩、张廷珩，堂侄张若涵也参与考试，张廷玉照例请旨回避，依然被雍正帝拒绝，让他继续主持科考大事。此外，张廷玉还与朱轼、徐元梦、嵇曾筠等被任命为诸皇子师傅，加太子太保，不久又调任户部尚书。户部掌握着国家的经济命脉，雍正帝作为一个锐意改革的皇帝，如此安排显然有他的深意。张廷玉终于重回中枢，成为雍正帝的得力助手。

这一年的科举考试结束后，由于有亲属参与，张廷玉再次上书请求回避，不参与阅卷工作。雍正帝依然驳回了他的请求，并对他说："尔公正无私，不必引嫌回避，仍著读卷。"于是，张廷玉奉旨与诸大臣共同秉公校阅，勘定科举名次，照例将前十卷进呈御览。

雍正帝对这一年的科举十分重视，允许因官员亲属而回避的考生补试。当他拿到张廷玉等人呈上来的优秀试卷第五卷时，大为赞赏地说："这份试卷足以成为一甲，为什么只列为第五呢？"

张廷玉回禀："此臣弟张廷珩卷也。"

雍正帝听后立刻明白这是张廷玉"从中作梗"，于是想将张廷珩卷拔至一甲。张廷玉立刻回奏："张廷珩是从回避官生中续取者，正榜中并无其名，按照礼制，不应居一甲之位，请皇上三思。"

雍正帝十分欣慰地点点头，自己果然没有看错人，张廷玉忠直、公正，是可以委以大任之人。于是，雍正帝命人将张廷珩置于二甲第一，授翰林院检讨，入直南书房，可谓平步青云。而这一年的科举，除了张廷珩，张廷璩、张若涵都蒙恩被授为庶吉士。张家一门之内三人同选庶吉士，是科举考试历史中难得之盛事、奇事。

不过张廷玉的屡屡晋升并未获得太大的实权，甚至没有引起太多人注意，因为当时整个朝堂上最得意的并不是他，而是他的同年进士年羹尧和康熙帝的亲信隆科多。

第二节　世宗登基　年隆跋扈

康熙六十一年（公元1722年）十一月登基的雍正帝，最早提拔的并不是张廷玉，而是镶黄旗一派的几位核心人物，以贝勒胤禩、皇十三弟胤祥、大学士马齐、尚书隆科多几人总理事务。雍正朝刚开始时，恰如康熙帝所愿，实现了八旗势力内部的团结。

雍正帝提拔的另一个重要人物是张廷玉的同年、时任川陕总督的年羹尧。他接替胤禵出任抚远大将军，被授二等阿达哈哈番世职。

雍正元年（公元1723年），隆科多和年羹尧同时被晋级为正一品太保。这是大清帝国的官员能获得的最高官职，一般只在死后追授。当时很多流传下来的野史杂记都说，胤禛得继大统，还是这两人篡改康熙帝传位遗诏，才得以取代胤禵继位称帝。

但张廷玉心里清楚，隆科多和年羹尧都不是雍正帝信任的人，至少不像野史中传闻的那样亲密。康熙年间，雍正帝虽然也曾经试图笼络这两人，但本质上也是因为他们两个都是康熙帝的亲信。

隆科多受到康熙帝的偏爱和袒护，执掌京师兵权，在康熙帝心目中有很重要的地位，也是因为他虽然能力不强，但一心一意听从康熙帝的指示，毫无二心，所以张廷玉认为他不太可能和胤禛密谋夺位，只可能是接受康熙帝遗诏，尊奉胤禛继位。

年羹尧和雍正帝也不是那么亲密，年羹尧似乎不愿意做胤禛的奴才。根据现存一封"雍亲王谕"的考证来看，年羹尧给胤禛写信，落款时竟然只称自己的职衔，不像其他属人向本旗统领写信时那样口称奴才。并且按照胤禛本人的批示来看，这种事情年羹尧应该干了不止一次，属于屡教不改。中年得志、受宠于康熙帝的年羹尧，当时根本不把胤禛这个被排除在夺嫡之外的王爷放在眼中。就连胤禛生母德妃乌雅氏六十大寿、儿子弘时新婚，年羹尧不仅没有准备贺礼，甚至连一封贺信都没有，这在胤禛看来就是毫无"主属之谊"。

不过站在年羹尧的角度，这样的情况也很正常。年羹尧是进士出身的科举官员，自然不愿像那些因旗主恩荫而得官的人那样做事。况且，年羹尧已经得到最高统治者康熙帝的青睐，一路升到封疆大吏的高位，更是没有必要去拜会胤禛这个"冷面王"。当时大部分人都觉得，十四阿哥胤禵才是康熙帝属意的太子人选。年羹尧身为川陕总督，负责辅佐抚远大将军迎战策妄阿拉布坦，怎么看他都应该紧跟胤禵，而不是胤禛。

雍正帝继位后，却立即重用了年、隆二人。比较同一时期得到重用的年、隆、张三人，张廷玉是典型的修身、修心之人。他始终保持着对皇帝的绝对忠诚，在这一敏感时期，未接受任何势力的拉拢，他曾言："人臣奉职，惟以公正自守，毁誉在所不计。盖毁誉皆出于私心，我不肯徇人之私，则宁受人毁，不可受人誉矣！"相较而言，不知高位之寒的年、隆二人，结局似已注定。

隆科多骤然得到高位，便立即现出了原形。原本雍正帝准备重用隆科多，让他"兼领理藩院事，纂修圣祖实录、大清会典并充总裁，监修明史"。这些差事按照明朝旧例，都是内阁首辅才能担任的职务，隆科多一个侍卫出身的满八旗大臣根本不会干这些事。而且由于当时人们普遍认为隆科多对雍正帝的继位出力颇多，雍正帝也多次在诏书公开称他为"舅舅"，还常称赞他为"朕之功臣，国家良臣"。于是，风光无限的隆科多就把皇帝和其他官员的这些客套话当了真，开始居功自傲，结党营私，整天和自己的手下忙着贪污受贿、不务正业，这岂是一心想要进行改革、拯救社稷的雍正帝看得上的辅政大臣？

德不配位，必有灾殃。仅两年之后，隆科多与雍正帝的关系便开始出现危机。雍正帝即位之初后，每次在称呼隆科多时，都会加上"舅舅"，而且在朝政事务上也很信任隆科多。隆科多日渐傲慢，身为满族吏部尚书，他经常干涉官员的任命，有结党营私之嫌；又曾说，自己身为九门提督，一声令下便可聚集两万精兵。这些都挑战了雍正帝的皇权。

雍正三年（公元1725年），年羹尧倒台，隆科多被削太保衔，解除步军统领之职。他在奉旨办理年羹尧案中，所拟的处分意见被雍正帝认为是时而畸轻、时而畸重，"确意扰乱"。不久，他被逐出朝，到阿兰善等处修理城池、开垦地亩。雍正帝谕九卿，谴责隆科多说："朕御极之初，隆科多、年羹尧皆寄以心腹，毫无猜防。孰知朕视为一德，彼竟有二心，招权纳贿，擅作威福，欺罔悖负，朕岂能姑息养奸耶？向日明珠、索额图结党营私，圣祖解其要职，置之闲散，何尝更加信用？隆科多、年羹尧若不知恐惧，痛改前非，欲如明珠等，万不能也！"雍正帝的杀机逐渐显露。

雍正四年（公元1726年），隆科多家的恶仆牛伦挟势索贿被斩。隆科多也因此获罪，被派往阿尔泰处理边疆事务。其党羽也多被治罪。雍正五年（公元1727年），诸王大臣会议定隆科多41条大罪，包括结党营私、大不敬等罪行。定罪之后，众臣奏请雍正帝对隆科多判处死刑。但雍正帝为了避免落下滥杀功臣的骂名，又顾念与隆科多之间的亲属关系，所以没有将隆科多处以死刑，而是在畅春园附近建房圈禁。雍正六年（公元1728年）六月，隆科多死于禁所之中。

此时的张廷玉被雍正帝授吏部尚书衔，仍兼管户部。一人执掌朝廷两大权力机构，但他眼见隆科多在几年间的起起伏伏，意识到雍正帝虽然能够待人以诚，可一旦惹恼了他，手段一点也不比康熙帝差，因此，张廷玉变得更为低调，专心做好自己的分内之事。这里体现了张廷玉的另一个明智之处：不受贿、不受托。没有复杂的关系，也就没有东窗事发的风险。史载张廷玉任吏部尚书时，"绝苞且，杜请托，铨政肃然"。

再说张廷玉的进士同年年羹尧，下场比隆科多更惨。

雍正元年（公元1723年），青海台吉罗卜藏丹津勾结准噶尔汗国策妄阿拉布坦谋反,雍正帝授予年羹尧抚远大将军之权,节制西北五省兵马。年羹尧统领三军,与叛军在青海、西宁厮杀至雍正二年(公元1724年),大获全胜,青海全省平定。叛将罗卜藏丹津只带二百多人逃往伊犁。

得胜之后的年羹尧变得异常骄横跋扈,忘乎所以。年羹尧以抚远大将军的名义行文给各地督抚大员时,完全不遵礼法,全部直呼其名,各省督抚几年前还跟他是平级,这一下变成了他的下级,全都对年羹尧心怀不满。年羹尧非但不收敛,反而故意追求排场,甚至要皇帝的侍卫为他前后引导,执鞭坠镫;在西北之时,蒙古王公见到年羹尧必须下跪;凯旋入京途中,即便是同级的总督、巡抚,也要跪在路边迎送他;入京之时,满朝亲王大臣一同至郊外迎接,年羹尧却根本不当回事,甚至连基本的回礼都没有。这可就得罪了整个大清官场的人。

很快就有人上书弹劾年羹尧。雍正帝再次借题发挥,抓住年羹尧奏折中将"朝乾夕惕"写成"夕惕朝乾"的错误,将年羹尧贬为杭州将军。各地被他得罪过的督抚大员们一拥而上,联名弹劾他。此时,受封皇贵妃的年羹尧之妹年氏已死,雍正帝想起自己当亲王时被年羹尧轻视的场景,借题发挥,直接下诏让年羹尧自裁。

眼见两位康熙年间最得宠、雍正初年立下大功的大臣先后被贬被杀，朝堂上人心惶惶，胆战心惊。此时的张廷玉却稳坐中枢，丝毫没有慌张。因为他已经看懂了雍正帝的心思：这两场看似不近情面的肃清，实际上是雍正帝同时向自己政治上的死对头——八旗势力维护下的旧秩序和晚明以来的江南士绅势力的宣战，也拉开了中国封建社会一场深刻改革的大幕。雍正帝开始以皇帝的身份推行火耗归公、摊丁入亩、改土归流等一系列新政。

在这场改革大战中，张廷玉无疑是站在雍正帝一边，成为皇帝最有力的支持者之一。

第三节　调任户部　清理亏空

作为改革的奠基仪式，雍正帝登基后的第一件大事就是清理户部亏空。还在康熙六十一年（公元1722年）十二月甲子日，也就是康熙帝刚刚驾崩不久，雍正帝就下诏各督抚严格稽查各地亏空钱粮，限三年补足，逾限治罪，由此拉开了清理户部亏空的序幕。为此他调了自己最信任的怡亲王胤祥总理户部，并将自己认可的汉族官员张廷玉调任户部尚书，一同清理户部亏空。

张廷玉到了户部，经过一番仔细清理，方才发现大清帝国在康熙一朝时，财务状况一直处于入不敷出的状态，财政赤字十分严重。康熙帝平定三藩叛乱、收复台湾、三次亲征准噶尔汗国的噶尔丹、在东北和沙俄帝国的萨尔浒之战虽然彪炳史册,但国库消耗巨大。不过这些还属于国家机器运行的正常开支,虽然多一些,但还能承受,真正让整个大清帝国财政崩溃、户部出现巨额亏空的是康熙帝的五次"南巡"。

康熙帝中年之后贪图享乐,多次前往江南游历,对江南的经济造成了不小的冲击。而康熙帝又特别好面子,他每次下江南都对外宣称不动用户部公帑,只用内务府的皇家私财。但由于花销太大,内务府根本负担不起,于是就开始让以江宁织造曹寅为首的诸多臣子用自己的私财供应康熙帝一行的庞大开销。

曹寅出身内务府包衣奴才,其生母为康熙帝的乳母,所以他被皇帝视为"兄弟",其实就是最亲近的奴才。曹寅本人无才无德,江宁织造又是一个打着"皇家采办"的名义,实际负责监视江南士族的特务官僚机构,于是江南士族纷纷向其行贿,寻求庇护,曹家也借此机会积累了巨万财富。曹寅的家族负责掌管这个衙门已几十年,在江南地区的关系盘根错节,江南士族纷纷借他的口向皇帝输诚。而曹寅一家的财富都是依附皇帝才得到的,所以他也借助康熙帝南巡的机会拼了命地巴结讨好皇帝,结果康熙帝五次下江南花去的银子就达三百万两之巨。这对刚刚稳定,又频经战事的大清显然是个巨大的负担。

但是由于明面上没有动用户部一分钱,钱都是被曹寅以借款的名义从户部要出来的,然后都花在迎接圣驾上,御史言官也找不到理由说皇帝的不是。康熙帝对此心知肚明,自然也不愿催促曹寅归还亏欠。

等到康熙帝一死,雍正帝可就不认账了。

胤祥、张廷玉主政户部第一个要查的就是江宁曹家,曹家最大的后台康熙帝已死,曹家根本不敢反抗,只得认下这三百万两的巨大亏空,结果以贪墨的罪名被抄家查办。

在经办此事的张廷玉看来,这就是皇帝纵容家奴为祸地方,自然是要秉公执法,追回亏空。但几十年积累下来的烂账,想要查清楚并不简单,张廷玉虽然对这帮内务府出来的包衣奴才从来没有好感,但是在审理此案的过程中发现这确实是康熙帝留下的亏空,曹家确实也有自己的难处。联想到自己之前身在朝廷的种种身不由己,他也就对曹家的遭遇有了同情之心,至少想保住他们全家的性命。于是,他以户部尚书的身份,提出对曹家要适当予以保全。雍正帝念着他们主动承担罪责,又没有随便散布皇家秘闻,便同意了张廷玉的要求,还让内务府出面,把曹家迁回北京居住,至少给他们留了一条活路。

事后,张廷玉在笔记中写下一段"凡人看得天下事太容易,由于未曾经历也。待人好为责备之论",换作现在的话来说,就是"家家有本难念的经"。通过清理曹家亏空一案,他得出结论:做事情还是要讲圣人的"恕道",处理事情的时候应当推己及人,替自己想，也替他人想。但是宽容不是纵容，不可以让有错误的人得寸进尺，可以宽容错误的行为，但是一定要让犯错的人意识到错误。他十分庆幸自己能够有这样的机会感悟人生，其他人可能要经历过、痛过，才能有这些心得体会。

张廷玉从清理类似曹家亏空案这类案子开始，辅佐怡亲王胤祥追回大笔欠款，补清了康熙朝的财政亏空，为雍正帝的改革奠定了经济基础。

已经在刑部、吏部、礼部、户部有过一系列历练的张廷玉，非常支持雍正帝清理户部欠款的举动。他非常清楚康熙朝实际上危机四伏。经历明末乱世后，部分省份人口凋零。顺治、康熙年间，朝廷开始推动"江西填湖广、湖广填四川"的移民活动，但这是治标不治本的。明末时，江南土地兼并严重，这些拥有大量土地和财富的士绅阶级因为钱谦益等"东林党"投降清廷，保住了自己的土地财产。因此整个大清帝国并没有从根本上解决江南自明末以来的一系列严重的社会问题，只是对作乱反抗的势力施以无情的镇压，甚至连明末的流民问题也开始在康熙朝显现出来。

张廷玉在户部尚书任上，曾上书雍正帝说明流民问题已经十分严重。他说："浙江衢州，江西广信、赣州，毗连闽、粤，无藉之徒流徙失业，入山种麻，结棚以居，号曰'棚民'。岁月既久，生息日繁。其强悍者，辄出剽掠。请敕督抚慎选廉能州县，严加约束。其有读书向学,膂力技勇,察明考验录用,庶生聚教训,初无歧视。"

张廷玉在奏疏之中,写明了当时浙东、江西的土地兼并问题严重,农民大量失业,为逃避沉重的赋税,只得进山以种麻为生,成为所谓的"棚民"。日子一长,有些人逐渐成为地方匪患。张廷玉认为这些人都是被官府和乡绅过度盘剥,才落草为寇,不能一味镇压,需要官府出面将这些人统一收编安排,让他们重新成为农户,加以教化,才是长久之策。

雍正帝也对大清帝国当时的民政情况有同样深刻的认识,他不但批准了张廷玉的这道奏疏,还特旨下令天下督抚讨论并执行。同时,雍正帝也再次认识到张廷玉不光办事能力强,而且还有自己的治国思想,于是他再度升了张廷玉的官,让他署大学士事,把他带进了大清帝国的核心决策层。

雍正帝看得比张廷玉更长远,他认识到必须采取前所未有的大规模改革,才能从根本上解决大清帝国面临的多重危机。

第六章 火耗归公 一体纳粮

雍正帝继位后除了解决隆科多、年羹尧这两个以拥立之功自居的巨蠹之外，急需解决的首件大事是康熙朝中后期积攒的日益严重的财政问题。

除了张廷玉，诺岷、田文镜两人也协助了雍正帝推行"火耗归公""官绅一体当差纳粮"的新政。这些新政的目的是解决明末以来朝廷财政积弱，而地方官员、乡绅却在不停吸血的根本问题。张廷玉积极为雍正帝出谋划策，对新政在全国快速推广起到了重要作用。

第一节 滥征火耗 民不聊生

康熙帝一生最正确的决定之一就是选了皇四子胤禛为自己的继承人，尽管这个决定可能只是他突发疾病后的权宜之计。

雍正帝是中国历史上难得的帝王改革家，他早年虽然没有在明面上参与夺嫡之争，却在暗处一边帮助父亲整顿六部，一边默默留心朝局，等待时机。随着行政经验的积累，雍正帝对天下种种积弊的认识已经超过一般能员干吏，正因为如此，他和一向谨慎沉稳、做事认真，又主张从严治吏、宽于待民的张廷玉成了知己。

张廷玉在吏部之时，张廷玉就和这位皇帝打过交道。雍正帝登基之后，立即把张廷玉召到身边，成为协助自己改革的重要帮手，史称"日必召入对，承旨，平章政事，参与机密"。正是在雍正帝重用之下，张廷玉参与了雍正朝所有重要制度改革的全过程，成为雍正帝为数不多的左膀右臂。

政治的首要问题永远是搞清楚谁是自己的敌人，谁是自己的朋友。张廷玉初入中枢就为雍正帝认真分析了朝堂上的各派势力：康熙帝晚年朝堂上的势力大致可以分为两股——支持太子的正黄旗一派和反对太子的镶黄旗一派。不过随着雍正帝登基，夺嫡斗争也跟着落幕，这两派都只能面对现实。以废太子胤礽为核心的正黄旗一派，由于雍正帝母亲的出身，已经基本倒向雍正帝一方，其中皇十三子胤祥等人都是雍正帝可以依仗的能臣。另一边，镶黄旗一派基本只能自保，再也无力对抗。张廷玉建议雍正帝加封镶黄旗一派名义上的领袖皇八子胤禩为廉亲王。

身为户部尚书，负责财政事务的张廷玉进一步向雍正帝解释，随着时间的推移，原本依附正黄旗一派、企图利用拥立太子胤礽之功重新回到权力核心的江南地主豪绅的代表王掞等人，在朝堂上的影响力与日俱增。对于这些投机分子，雍正帝非常不齿，他提拔张廷玉，培养"桐城派"新兴官僚，也有与之对抗的考虑。张廷玉自然不会辜负皇帝的希望。在奏对中，他向雍正帝继续说明，以王掞为首的江南"东林党"已经成为大清帝国的附骨之疽，必须予以打压，这也有助于解决当下的财政困难。

康熙帝晚年一味追求"滋生人丁，永不加赋"的虚名，又在西北等地征战不已，导致国家财政无力负担庞大的军费及各项开支。各地开始出现不合理的税收政策和方法，贫富差距更加悬殊。现今雍正朝面临的情况恰如前明的崇祯朝：国库空虚、官员贪墨、民不聊生、军不足用。在康熙朝得到好处的就有兴起于明末的江南"东林党"士族一派的地主豪绅。他们凭借康熙帝"永不加赋"的政治口号,继续着明末以来拒绝履行自己社会义务的常态,不愿贡献出一分一毫,只想天天躲在江南膏腴之地,享受穷奢极欲的生活。

一生谨慎的张廷玉不惜直接向雍正帝点名指出这帮人的代表王掞,并直言王掞还想像祖辈王锡爵在万历年间所做的那样,通过保住太子胤礽来保住自己和家族的荣华富贵。

张廷玉对这样一帮人极度厌恶,一直都敬而远之。就在这时,他的家乡以方苞等人为代表的"桐城派"逐渐在政坛和文坛上夺过了江南"东林党"的话语权。张廷玉自然是站在"桐城派"一边,文法上坚决主张回归唐宋八大家,力求务实,拒绝"东林党""无事袖手谈心性,临危一死报君王"式的坐而论道和道德批判。但此时"东林派"这帮人以王掞为首,依然占据朝廷核心位置,标榜道德清流,张廷玉虽然对这帮人深恶痛绝,但一时也奈何不了他们。

雍正帝是整个大清王朝中对于内政问题既有智慧,又有决心的明君,和晚年醉心于权谋、喜好猜忌的康熙帝不同。他在跟张廷玉反复商量中透露出强烈的改革意图,他想将晚明和康熙朝遗留下来的弊政彻底清除,让大清帝国国祚能够延续。得知雍正帝一心变革的志向后,张廷玉迫不及待地向雍正帝提议从改革文风入手，支持"桐城派"方苞等人经世致用的主张，变革康熙朝时代"永不加赋"的定制，向富庶的江南地区征收赋税，弥补西北军用不足。由此可见，张廷玉建议打击"东林党"为首的江南豪强地主，根本原因还是要改革大清财政系统，帮助雍正帝解决财政亏空问题，而非出于党派之争。当下大清帝国国库亏空严重，如果仍然按照前明以田税为主的赋税，已经入不敷出，政权必然会崩塌，所以财政改革势在必行。

雍正帝继位之初，就开始打压江南士族在朝堂中的势力。他继位之后，立即让王掞回乡养老。两年之后，雍正帝突然发现了王掞曾经奏请蠲免江苏、松江等地钱粮而被康熙帝拒绝的陈年旧事，且他的两个儿子又谄附年羹尧。于是，雍正帝将王掞两个儿子发配充军。几年后，王掞也老死在家中。

在康熙帝晚年负责监管吏部、户部的雍正帝非常清楚，解决财政问题的根本办法在变革税制，但税制复杂，必须先从易处下手，为此雍正帝选择了改革阻力较小的"火耗"。

火耗作为征税项目，中国自古就有。原本泛指官府征税时，在征集、存放、运输过程中消耗掉的一部分。秦汉时就有所谓"鼠耗""雀耗"，指的是官府征收的粮食被蛇虫鼠蚁给消耗的部分，需要老百姓另外补交，并由此诞生了"淋尖踢斛"等一系列操作。雍正时期的火耗实际起源于明万历朝张居正变革中的

"一条鞭法"。这项法令将所有的赋税折合成银两征收,"火耗"指的是将散碎的杂银熔解后重新铸造为官方银锭的过程中消耗掉的部分银子。

"火耗"没有规定具体的数目,一般来说,会征收固定税额的两成到三成,但也有征收到五成的。因为明清官员的正式俸禄很低,所以火耗也就成了他们合法的灰色收入来源,所谓"三年清知府,十万雪花银",这里面大部分是来自火耗。清代"火耗"一直被视为弥补地方财政亏空的重要手段,同时也是地方官员盘剥百姓的重要方式之一。

康熙六十一年(公元1722年)用兵西北之时,川陕总督年羹尧就向康熙帝上书说明川陕一带府库亏空严重,军费不够,要求加征火耗,以解燃眉之急。结果被康熙帝一眼看穿,实际上是"羹尧等欲追亏项以充兵饷,追比不得,又议加征火耗"。康熙帝严肃地指出:"火耗止可议减,岂可加增?朕在位六十一年,从未加征火耗。今若听其加派,必致与正项一例催征,肆无忌惮矣。着传旨申饬。"

康熙帝并不糊涂,可是他深知问题所在,却拿不出解决办法。所谓"从未加征火耗"根本不可信,顺治末年,清廷地方督抚火耗基本只收两成左右,到了康熙末年,为了弥补国库亏空,一些地方官员甚至把火耗征收到五成以上。

雍正帝和张廷玉都认为，火耗在当前条件下是必须要征收的项目，否则财政亏空越来越大，无法支持改革事业。但是两人也都觉得关键问题还是要刹住官员的奢靡之风，规范火耗的征收标准，从根本上解决问题。因为火耗和田赋、人头税不一样，不是固定税，而各地也需要一个统一的征收标准，所以火耗改起来相对比较容易，又可以解决当务之急。

更重要的是，改革火耗征收，有利于在官场树立一种勤俭的风气。张廷玉一向喜好节俭，拒绝奢靡。他和雍正帝过去在吏部闲聊的时候就曾经讨论过年羹尧在京城的府邸。张廷玉认为大臣的居住之所如果过于奢侈没有节制，大臣就必然走向贪赃枉法。他向雍正帝提出了自己对居所的看法："盖园亭之设，大以成大，小以成小，一有侈心，便无止境，往往如此。"他的这些生活之谈和喜好节俭的雍正帝非常契合。与之相反，年羹尧喜好豪奢，成为他人生悲惨结局的导火线。雍正帝对张廷玉的生活经验深以为然，两人心有灵犀，决定从火耗征收开始财政改革。

改革的首要问题就是选人，北宋王安石改革失败的关键原因之一就是没有选对人，更没有对官吏队伍进行必要的整顿。雍正帝向张廷玉询问具体操办的人选，经过审慎考虑，张廷玉推荐了自己的下属户部郎中诺岷。

第二节 火耗归公 禁止乱派

诺岷,满洲正蓝旗纳喇氏,他的官不是科举考来的,而是靠着祖上的封荫得来的。他的祖父恩国泰是八旗集团中最早开始学习汉文的官吏之一。父亲那敏更是做到了镶黄旗满洲都统。所以他可以不经过考试就进入户部,做一个笔帖式。这是当时留给满族亲贵的清闲职位,诺岷却做得特别认真,所以从笔帖式升到主事,后又升到户部郎中。

张廷玉在户部任尚书时就发现这个满族官员做事兢兢业业、特别认真。不光如此,诺岷面对国库亏空无法弥补的危局,还私下向张廷玉提出过具体的解决办法——火耗归公。诺岷根据自己在户部任职多年的经验,向张廷玉指出各省官吏除了明末万历时期确定的田税以外,贡给上级的各项开销、官府的平时用度,甚至私人开销全部都依靠火耗。诺岷认为火耗已经成为支持朝廷官僚体系运转的必要税费,大多数官员赖以为生,废除火耗并不现实。但是火耗最大的问题是没有规定的税则,需要由朝廷出面,把这个原本没规定的临时税变成固定税。也就是把原本地方官员可以随意征收并留作自己使用的临时税变成由官方固定征收的正式税种,由地方官员私人留用改为公家留用,税收的额度也由官府规定。

火耗归公对于老百姓来说没有太多变化，却可以从各级地方官员的私囊里掏出银两来增加国家的收入。显而易见，这件差事是非常得罪人的，推行起来必然困难重重。张廷玉见诺岷这样养尊处优的闲散旗人竟然有这等见识，便默默记下了这个名字。当雍正帝向他询问推行改革火耗的人才时，他就向雍正帝推荐了诺岷。

雍正元年（公元1723年）正月，雍正帝没有顾及诺岷做过"镶黄旗"满洲都统的父亲，以及他和皇八子胤禩走得更近的这些经历，仍然升他为内阁学士，命他到内阁阐述自己的改革主张。

在内阁奏对后，雍正帝也对诺岷改革火耗的方略大为赞赏，认为张廷玉推荐的这个人非常合适，于是在雍正元年（公元1723年），诺岷被正式任命为山西巡抚，成为一方封疆大吏，主要使命就是在山西试行"火耗归公"。

诺岷一到山西，就碰上了灾年，山西各级府库亏空严重。面对这种情况，诺岷没有一开始就推行火耗归公，而是从整顿吏治入手，开始视察山西所属各个州县的亏空情况。诺岷使出了非常手段：一边上书弹劾罢免了亏空最多的几个州县的主要官员，用以立威；一边下令所属各个州县官吏相互调任，抽查对方的亏空情况。同时，已经成为吏部尚书的张廷玉也在朝廷中为诺岷争取到了相应的支持,给山西调去了一批新近科举选拔出的青年官吏供他调度。

雍正二年(公元1724年),诺岷顺利地完成了山西各级官吏调配,在山西彻底站稳了脚跟。随后,诺岷上书朝廷,要求把以往由各个州县各自征收的火耗,统一归入主管山西财政的司库,施行火耗归公——所谓火耗归公中的"归公",实际上是将下级的火耗交由省级财政统一支配。雍正帝心领神会,立即让张廷玉在内阁主持讨论是否可行。张廷玉自然支持诺岷的行动,于是内阁发文,同意山西巡抚所奏。结果仅一年,诺岷就从山西的火耗中"抠"出来二十多万两白银,这笔巨款直接补齐了山西财政十多年来的亏空,还余下几万两银子。这时,诺岷发挥了自己工作的主动性,他没有奏请朝廷,而是把多余的银两直接分给山西的各级官吏,并给这笔钱取了个好听的名字——"养廉银"。

这下就捅了马蜂窝了。

因为火耗本来是各级地方官吏的灰色收入,现在改成"养廉银",可以解释为地方官通过和朝廷分账的办法,把过去的灰色收入合法化。这一举动在标榜清流的官员眼中不仅是离经叛道,更是把原本属于官员的灰色收入强行分走一杯羹,剥夺了自己的一部分收入。而且康熙朝对官员的管理非常松散,如今诺岷一到山西,就以整理亏空为名,大肆敲打整饬地方官吏,得罪了不少人。在康熙帝去世还不满三年的情况下,如此明目张胆地改变祖宗之法,那些反对雍正帝的势力就开始蠢蠢欲动了。清流派的一些大臣马上以擅改祖宗成法的罪名弹劾诺岷。

这时,山西布政使高成龄上书朝廷,详细解释了诺岷在山西推行火耗归公、发养廉银的理由:

直省钱粮向有耗羡,百姓既以奉公,即属朝廷之财赋。臣愚以为州县耗羡银两,自当提解司库,凭大吏酌量分给,均得养廉。且通省遇有不得已例外之费,即以是支应。至留补亏空,抚臣诺岷先经奏明,臣请敕下各直省督抚,俱如诺岷所奏,将通省一岁所得耗银约计数目先行奏明,岁终将给发养廉、支应公费、留补亏空各若干一一陈奏,则不肖上司不得借名提解,自便其私。

张廷玉接到这封上书后,立即把高成龄的上书与清流派的弹劾汇编在一起,拿到内阁会议上讨论。为了让内阁成员了解高成龄的情况,张廷玉还专门向诸位大臣补充了他的个人经历:高成龄久在山西为官,从一个小小县令一直做到布政使,在山西官场摸爬滚打多年,对当地情况十分了解,在当地威望很高。

原本"万言万当,不如一默"的张廷玉,破天荒地在内阁会议上,拿着这封奏疏侃侃而谈。首先,他同意奏疏中火耗银子属于朝廷赋税这一说法，认为诺岷的改革就是把原本的附加税正当化。紧接着，张廷玉又说明了火耗的用途，一来是为了弥补亏空，二来是发给官员养廉。这样做不仅直接解决了各级地方官府的巨额财政赤字，而且提升了官员待遇。以前的火耗被各级官员巧立名目拿走，获得数量多少根据官员的地位而定。现在官府拿去大部分，弥补了过去的亏空，留下少数交给官员，看似收入少了。但是原来这种收入属于非法的贪污，现在合法化了，实际上提高了官员的待遇。

会后，张廷玉立即将高成龄的这封奏疏呈送给雍正帝，准备在全国推广。兹事体大，雍正帝决定让总理王大臣、廉亲王胤禩与一众大臣展开廷议。

皇八子胤禩于康熙六十一年（公元1722年）十二月被升为总理王大臣，进封廉亲王。随着马齐退居二线，阿灵阿、鄂伦岱、揆叙等镶黄旗一派的人物纷纷转到他的麾下，皇九子胤禟、皇十四子胤禵等人也时常聚在廉亲王府，讨论朝政，发泄心中不满。久而久之，这些夺嫡斗争中的失利者围绕着胤禩逐渐形成了一股新的政治势力。镶黄旗一派在朝中的势力本来就不小，再加上这些人毫无政治原则，到处拉拢朝臣和王公贵族，壮大自己的势力。诺岷的父亲是镶黄旗的都统，诺岷又在山西巡抚任上干得很出色，他自然也就成了重点拉拢对象之一。胤禩等人认为"东林党"的主张也不能完全无视，各级官吏被损害的利益不能完全不管,如果胤禩在这场风波中能够改变风向,必然会获得更多朝廷大员的支持。

于是,这次会议做出了一个决议:一方面强调火耗归公不是经常使用的正式税收方式,只可以用来解决地方财政的亏空问题;另一方面强调诺岷的做法不是长治久安之计,会破坏地方的稳定。所以,火耗归公和养廉银只能在山西试行,不可以在全国范围内推广。

张廷玉见内阁做出了这种明显带有谋私味道的决议,身为户部尚书的他自然知道这是对雍正帝政策的"阳奉阴违",是对国家财政不负责任的行为。但他一时又不好违拗总理王大臣,只得将内阁的这项决议奏报给雍正帝。

雍正帝看到自己苦心经营的一项新政被这些人轻言废弃,深感愤怒。他知道推行新政会触动一些人的利益,遇到一些阻力,但是他没想到,以胤禩为首的这些人,丝毫不给自己情面,否定了自己精心策划的火耗归公新政,这明显是为了保全一己私利而置大局于不顾。他下令让张廷玉拟旨,斥责廉亲王等人,再次强调火耗归公的正确性和合理性。

张廷玉胸有成竹,立即下笔写就谕旨:

> 州县火耗原非应有之项,因通省公费、各官养廉,有不得不取给于此者。朕非不愿天下州县丝毫不取于民,而势有所不

能。州县征收火耗分送上司，州县借口而肆贪婪，上司瞻徇而为容隐，此从来之积弊所当削除者也。与其州县存火耗以养上司，何如上司拨火耗以养州县乎？

张廷玉的文笔自然比高成龄要强得多，他在这份谕旨中首先指出火耗本身不是正规税赋，而是"非应有之项"。这是首先占据法理和道德的高点，再指出各省公费和养廉却需要用到这项开销，以非官方的收入养活官府，这显然非常不合逻辑。然后张廷玉站在皇帝的角度解释，州县官员从老百姓那里用火耗的名义收取银子并不是完全不合理，问题的关键在于，州县一级收取火耗，这些收入朝廷根本无法管理，而且官员从中贪墨良多，不如由省一级统一征收，下级州县的需求由上级部门统一调配，这样才合理。

这其实是从理论上证明了火耗归公和养廉银的合法性。

但是，紧接着在这封谕旨里，雍正帝大肆批判了胤禩的说法：

至请先于山西试行，此言尤非。天下事惟有可行不可行两端。譬如治病，漫以药试之，鲜有能愈者。今以山西为试，朕不忍也。提解火耗，原一时权宜之计；将来亏空清楚，府库充裕，有司皆知自好，各省火耗自渐轻以至于尽革，此朕之深愿。

当然，在这份上谕中，雍正帝还是妥协让步了，把火耗归入临时性税收，强调它的目的是弥补府库亏空，这就是雍正帝与高成龄想法的区别。虽然都是要用火耗归公的方法来弥补府库亏空，但是雍正帝看得更为深远，在刚刚改朝换代的时候不能随便变更旧有法制，因为这会授人以柄。所以他在这份上谕中强调火耗征收只是权宜之计，未来将会逐渐废除，以期获得各方的暂时支持。胤禩一党和其他反对火耗归公的大臣不敢再跟皇帝讨价还价，只得遵命行事。

但从实际情况来说，朝廷的一个政策既然实行了，想再收回就不容易了。此后其他各省的督抚纷纷奏请雍正帝，希望仿照山西先例，在本省推行火耗归公。大清帝国后世就以此为开端，将火耗这个附加税变为正税，直到清朝灭亡，都没有等到"火耗自渐轻以至于尽革"的那一天。

雍正帝对诺岷坚定推行火耗归公，为自己的改革打响了第一枪还是很满意的，让张廷玉拟旨嘉奖诺岷。原本这位旗人在雍正朝的前途一片光明，不承想"八爷党"的核心成员、皇九子胤禟被雍正帝贬谪到西宁，路上"顺道"拜访诺岷，却让他前途尽毁。胤禟之母宜妃郭络罗氏为镶黄旗贵族，诺岷按照旗人规矩，亲自迎接胤禟。两人见面寒暄一番后，胤禟说明了自己的来意：为手下一个同几个山西考生发生冲突的奴才求情。诺岷不好驳这个面子，尽管他已经派人抓了闹事的奴才，却依着胤禟，以该奴才有病为由，没有追究责任。

这对于一省巡抚来说本来是一件小事，可到雍正三年（公元1725年），一向极为反感徇私的雍正帝得知此事，斥责诺岷徇私枉法，命新任巡抚伊都立复查此事，给诺岷定罪，夺其官职，诺岷以平民的身份回乡闲居，至雍正十二年（公元1734年）病死家中。

张廷玉对诺岷的结局十分惋惜，但是这涉及雍正帝最敏感的一处神经，他也不敢多说什么。此后，全国各省都在推行火耗归公之时，田文镜作为雍正帝最得力的下属之一，除了坚决执行新政，还对挪欠钱粮的官员严加审讯，查明后变卖其财产弥补，当年就补足了布政司库的亏空。雍正帝非常高兴，让张廷玉特旨嘉奖河南巡抚田文镜，下令他可以把本省所得银两加恩本地官民，不必归入府库。

这一年，雍正帝的三年服制期满，于是举办经筵，张廷玉奉命进讲《礼记》中"博厚所以载物也"一节，他结合前朝教训、今朝事迹，所讲内容让雍正帝十分满意，将圆明园旁边的一座旧园赐给张廷玉居住。园在御苑之东，离圆明园相去半里，这里奇石如林、清流若带，曲榭长廊，无不备具。因这座园未被命名，张廷玉追忆扈从康熙帝到塞外时，康熙帝曾御书"澄怀"二字赐给自己，而今所居之地，碧水涟漪，不染尘埃，与"澄怀"之义十分契合，故以"澄怀"二字命名此园，以表达对两朝圣主的感激之情。同时他也希望子孙后代能够保持澄澈的胸怀，不要重蹈诺岷等人覆辙。之后，雍正帝又赐张廷玉"紫禁城内骑马"资格，赐良马一匹，可谓荣耀至极。

第三节 免税免役 士人特权

河南巡抚田文镜确是雍正朝出名的能员干吏。田文镜属于汉军正蓝旗人，后来被抬籍进入汉军正黄旗。他早年没有参加科举，家世也没有诺岷显赫，以监生身份授福建长乐县丞。田文镜托门路升任宁乡知县，后又被抬举，升任直隶易州知州，在知州任上被调回北京，任吏部员外郎、郎中，后又转入御史台成为一名御史。康熙末年张廷玉调任内阁侍读学士时，得以结识田文镜。以张廷玉谨言慎行的性格来说，他对田文镜这种颇有主见、刚正不阿，但是行事刻薄且不安分，喜欢钻营，而且对科举出身的官员抱有偏见的同僚，并没有什么好感。

雍正元年（公元1723年）正月，田文镜奉命前往华山，代皇帝行祭祀之礼。他路过山西时，正赶上山西灾荒。当时年羹尧恰好也从山西路过，前往北京觐见雍正帝，他就将山西的灾情报告给了朝廷。但山西巡抚德音却向朝廷禀报称山西无灾荒，双方一时争执不下。田文镜本来只是路过山西，这时刚好回朝，就被张廷玉拉来做了对峙双方的"证人"。田文镜在皇帝面前力陈山西灾荒的实情，导致德音被撤职，诺岷接任。田文镜也受到雍正帝"直言无隐"的嘉许，得到了署理山西布政使的机会，奉旨前往山西全权负责赈灾事宜。

田文镜监生出身，对科举出身的官员多少有些仇视，加上他本来就在地方摸爬滚打多年，对于一些地方上的门道非常清楚，所以他在山西干了一年多署理布政使，帮助巡抚诺岷解决了不少山西官场上的积弊，使整个山西官场的风气为之一变。随着诺岷卷入"八爷党"事件被撤职，他的许多功劳就被雍正帝记在了田文镜名下。雍正二年（公元1724年），田文镜被直接提拔为署理河南巡抚，成为一名封疆大吏。

张廷玉认为田文镜性格偏执，加上监生出身，难以和众多科举出身的官员打成一片，不适合出任一方封疆大吏。但雍正帝看重的就是田文镜没有科举出身的官员的那些迂腐气和酸气，特别是他廉洁奉公，从不结党营私，所以雍正帝对他反而信任有加。田文镜知道朝廷里的许多人不喜欢他，就和雍正帝直接通过密折单线联系，很少走正常程序向张廷玉主持的内阁上奏文书。

密折制度从康熙朝便有，只不过雍正帝把密折的使用范围扩大化和规范化了，从原来的朝中亲贵，直接扩大到各省的官员。于是田文镜在河南几乎就是在雍正帝的直接指挥下，推行各项政策措施。由于是皇帝直接督办，难免会出现一些比较不现实的想法，而田文镜又在巡抚位子上不断加码，导致下属一些州县官员难以执行，引发了他们的集体不满，特别是一些科举出身的官员。不出张廷玉所料，这些官员将他们的不满和田文镜的监生出身联系起来，低看田文镜，对他的一些指令阳奉阴违。而田文镜仗着皇帝是自己的后台，自己所做的所有事情都在密折里跟皇帝直接沟通过，所以他有恃无恐，强行要求下属各个州县如期完成相关的赋税清理和开垦荒田的任务。对于不能完成的官员，他立即上书弹劾或者直接下文斥责。

这种雷厉风行的工作作风，让习惯了在文牍程序上磨洋工的科举官员很不适应。当时河南省有位叫黄振国的知州，只是稍微违反了田文镜的规定，要求暂缓本州荒地开垦，结果被田文镜直接上书内阁弹劾，要求罢免他。张廷玉收到田文镜的弹劾文书，感到十分不安，认为此人为官如此急切，对下属太过苛责，不能处理好和下属的关系，怎么管得好一省的事务，遂建议雍正帝先不要做出裁断，应当派人前往调查，调解双方矛盾。但雍正帝没有采纳他的建议，反而派出钦差直接将黄振国等人革职。结果田文镜的官威虽然立了起来，但也让他成为众矢之的。

雍正四年（公元1726年），科举清流领袖李绂由广西巡抚升任直隶总督，他在上任途中，路过开封时专门与田文镜会面。李绂是江西临川人，自幼家庭贫困，有过目不忘的本领，堪称"神童"。康熙四十八年（公元1709年），他考取进士并入选庶吉士，和被田文镜弹劾夺官的黄振国是同年科举出身的好友。这次他路过河南，本来想为好友说情，结果等他到开封见到田文镜时，黄振国已经被关在牢里，生死不明。

李绂也是个刚直之人，雍正元年（公元1723年）任职吏部时，曾拒绝大将军年羹尧之子建造营房给予从优之请。他以为黄振国已经被田文镜迫害致死，所以即便田文镜是雍正帝的宠臣，他也没有丝毫畏惧，直斥田文镜"身任封疆，有意蹂践读书人"。后李绂进京入对时，参奏田文镜贪虐下属、迫害读书之人。

奏折来到内阁，张廷玉顿感不妙。他对李绂的说法是完全相信的，但他已经预感到了李绂的结局。当年田文镜到任河南不久，就遇上了封丘考生罢考事件，田文镜深感厌恶，立即向雍正帝提议严厉镇压。当时的河南学政正是张廷玉的弟弟张廷璐。张家世传儒业，张廷璐对田文镜之流表面上顺从，但是内心极为厌恶。在雍正帝派人前来调查此事时，张廷璐消极应付，甚至暗中包庇考生。

田文镜得知后直接向雍正帝写密折，告发了张廷璐。最终雍正帝下旨革除了张廷璐等人的职务，并将闹事的生员王逊、武生范瑚等人处斩，就这样，这一事件在雍正帝的强硬手段之下结束了。这件事惹得张廷玉十分不快,不只是因为弟弟被革职,而是雍正帝对田文镜的极度信任和田文镜的"撒手锏"——密折,让他感到了不安。李绂此次想与田文镜对峙朝堂,恐怕已经失去了先机。

事情的发展果然如张廷玉所料,当日李绂面责田文镜之后,田文镜便将此事先以密折奏于雍正帝,说李绂只是因为与黄振国的私人交情,才诋毁自己,自己只是在贯彻雍正帝的旨意,严整吏治。于是,当李、田二人在朝堂上展开辩论时,雍正帝自然地偏袒了田文镜,加上黄振国其实未死,当田文镜派人将他押到京城时,雍正帝更是直接批评李绂血口喷人,将其改调工部侍郎。

就在这时,田文镜再次上书内阁,提出要在河南试行"官绅一体当差纳粮"的新政。所谓"官绅一体当差纳粮",实际上就是废除科举官员阶层的免税特权,因为只有至少举人出身的知识分子名下田产才可免税。田文镜此时拿出这个说法,等于和科举出身的官员划清了界限。

张廷玉在内阁拿到这份奏折,瞬间明白了这就是雍正帝的态度,田文镜所奏的改革内容极有可能在密折中和雍正帝商议过,田文镜由雍正帝一手提拔,对雍正帝忠心耿耿,为了推行雍正帝的新政,就算得罪权贵也在所不惜。雍正帝对田文镜的百般维护,又何尝不是为新政披荆斩棘呢?看清这一点的张廷玉,立刻表示坚决支持田文镜"官绅一体当差纳粮"的新政,并在内阁会议中表态同意按照田文镜的意思去做。

严格来说,"官绅一体当差纳粮"对于科举官员的利益打击极大。因为按照明清科举制度规定,只要是考中秀才的士子就可以获得免税的特权。这就导致明代中后期以来,大量农民将土地主动投到有功名的秀才、举人甚至退休官僚名下,自己主动成为佃农,以期获得免税的特权。嘉靖朝首辅徐阶名下的万亩良田就是这么来的。这样一来,国家税收必然越来越少,而这些科举出身的官员却越来越富。

张廷玉本人也是科举出身,对"官绅一体当差纳粮"的做法并不是非常认可,所有科举官员对这项新政都是敢怒不敢言。而田文镜想在河南试行此政,实际上就是因为他的监生出身,让其对于"官绅一体当差纳粮"新政的推行毫无顾忌。这项举措最终并未被贯彻,等到雍正帝去世之后,田文镜失去了最大的后台,"官绅一体当差纳粮"的政策逐渐被废除,赋役负担依然压在老百姓身上。

雍正帝心里清楚"官绅一体当差纳粮"实际上是为了和江南士族讨价还价提出的条件。雍正帝真正想推动的是"摊丁入亩"。他之所以让田文镜在河南开始"官绅一体当差纳粮"的改革,就是想让江南士族看看:一旦不同意"摊丁入亩",那就直接推行"官绅一体当差纳粮",到时候两害相权取其轻,江南士族将不得不屈服,这样就有利于雍正帝改革的核心政策"摊丁入亩"的推行。

所以，张廷玉对田文镜和河南的糟心事还不是太在意，他的全部注意力都集中在雍正朝最为核心的一项改革措施——"摊丁入亩"上。为此他将和雍正朝最为传奇的一位封疆大吏李卫，展开一番颇为有趣的互动。

第七章 摊丁入亩 江南始定

雍正初年虽然有诺岷、田文镜主持山西、河南政务,并积极推行"火耗归公""官绅一体当差纳粮"等新政,初步解决了国库空虚的燃眉之急。但是,雍正帝和张廷玉都认为这些都不是长久之计,要想彻底解决财政问题,必须进一步进行税制改革。

当时整个大清帝国的财政收入主要依靠江南地区,但这里自明末以来就被东林士族盘踞。他们依靠官绅特权,大肆侵占田地却不缴纳赋税,导致国家财政困难。张廷玉协助雍正帝制定"摊丁入亩"新税制,而李卫出镇两江,革除明末以来弊政,挖断江南豪绅的经济命脉,也为清王朝输入了得以续命的"新鲜血液"。

第一节　江南士族 东林势力

雍正元年（公元1723年），刚刚完成康熙帝治丧工作的礼部尚书张廷玉得到了雍正帝的器重。对于雍正帝来说，此时朝堂内外诸多异己是个问题，各位王爷也居心难测，而张廷玉廉洁勤谨、心思细腻，可以培养成为心腹之人，于是命他入直南书房。九月，雍正帝又将张廷玉调为户部尚书，与怡亲王胤祥一起协助自己解决清廷捉襟见肘的财政问题。当时，西北地区战事未歇，张廷玉力荐诺岷出任山西巡抚，积极推行"火耗归公"，后又支持田文镜在河南推行"官绅一体当差纳粮"，解了大清帝国西北用兵的燃眉之急。

随着雍正初年西北战事停息，深感朝廷税赋不足的雍正帝和张廷玉决定从根本上解决朝廷税收问题。这就必须要拿当时整个国家最富庶的地方来开刀——江南诸省。

张廷玉一到户部，就加班加点地翻看朝廷的账册，并时常入宫和雍正帝商议改革财税的相关问题。张廷玉熟悉国史掌故，又身为《明史》总裁官，他向雍正帝提出当前国家用度不足，实际上是因为继承了前明的财税政策，国家收入以田赋为主。自明代中期成化、弘治年间开始，全国田赋收入最多、最为富庶的地区就属长江中下游平原的苏州、松江、常州、镇江四府。"苏湖熟，天下足"这句俗语直到今日仍适用。意思是说，只要江南地区粮食丰收，全国都不愁吃穿。

可问题也就出在这些地方。

张廷玉向雍正帝郑重其事地报告：自嘉靖年间，大明帝国首辅徐阶掌权之后，这一代的官绅逐渐抱团成为一体。这些人包括万历、天启年间的内阁首辅申时行、王锡爵、沈一贯、方从哲等高官，他们掌握朝政大权，一方面打着维护心学的大旗，利用顾宪成等东林党人控制舆论，拒绝任何在苏州一带加税的政策；另一方面他们利用明代官绅不用纳粮缴税的特权，在家乡一带大量吸纳佃农，利用"投效"的方式疯狂扩充私人田地。比如，徐阶退休回乡后就以"投效"名义兼并良田上万亩，被海瑞弹劾。但这些问题到最后全部不了了之。更有甚者，在天启、崇祯年间，这些地方开始公然抗税，甚至把每年赋税的一半"欠"到下一年再缴。这样一来，大明帝国最富庶的地方征不了税，只能加"三饷"，进一步压榨本来就很贫困的西北诸省百姓，最终导致财政崩溃，农民起义周而复始。这也是大明帝国最终灭亡的原因之一。

眼见皇帝听得认真，张廷玉又进一步向雍正帝说明：明末清初，清廷命洪承畴招抚江南各省。洪承畴在江南推行一系列安民政策，获得了多方支持，让大清帝国彻底在江南站稳了脚跟;另一方面严厉镇压黄道周等大明残余势力,一举平定东南。在软硬兼施之下,大清帝国很快掌握了这个财税重地。可是,大清帝国也不得不面对和大明帝国一样的问题——税收不足。

在顺治朝,江南税收按照晚明惯例,继续缴一半、欠一半。

张廷玉提出,要解决江南赋税的问题,首先必须选出一个合适的封疆大吏。为此,张廷玉还向雍正帝讲起一段往事:顺治末年,汉军正黄旗的朱国治出任江宁巡抚,督缴苏州、松江、常州、镇江四府积欠税款。朱国治到任后,下令将所有不按照规定缴纳税款的大户士绅登记造册,然后按照名册挨个向朝廷上书弹劾,这就抓住了江南士绅的命脉。最终,朱国治做出了一份一万三千五百多人的大名单,凡是牵涉其中的家族,有当官的全部降两级使用。这一下就狠狠打压了江南士绅在朝堂中的势力,史称"江南奏销案"。但是,朱国治也因此被江南士绅记恨,最后遭到了报复:先是以汛期擅离职守的罪名被降了五级,后又被迫回乡丁忧守孝。康熙十年(公元1671年),原本丁忧在家的朱国治被任命为云南巡抚,两年后"三藩之乱"爆发,朱国治全家惨死在吴三桂手下。所以,朱国治之后,大清帝国前往两江的封疆大吏大都不敢和这些江南士绅正面对抗。

张廷玉向雍正帝继续介绍康熙朝时为了更好统治江南地区而特设的机构——江宁织造。康熙帝派出自己最信任的曹寅一家以江宁织造的名义常年监督江南士绅,自己也多次"南巡",要求江南士绅"报效"。但这些行为不过是扬汤止沸,无法解决根本问题。富庶的江南一带依然按照惯例,长期欠税不缴,让朝廷头疼不已,却又投鼠忌器,担心强硬的方法适得其反,带来更大的麻烦,所以不敢随意整治。

张廷玉指出浙江一带的士绅利用"棚民"逃避丁税,再把丁税转嫁给当地贫苦农民。这些行为造成的后果就是"在民有苦乐不均之叹,在官有征收不力之参,官民交累",十分恶劣。到康熙五十一年(公元1712年),康熙帝见丁税每年的收入锐减,而且征收过程中的弊端太多,索性下诏将丁税变为定额缴纳,实际上已经减轻了征收成本。

经过几个月的研究,雍正帝和张廷玉决定先解决江南各省积欠税赋的问题,然后以此为突破口,在江南推进赋税改革,从根本上解决问题。张廷玉认为,大明帝国的丁税收入属于地方财政收入,基本不上缴中央,而是被各级地方官员蚕食。大清帝国顺治年间开始,丁税开始制度化,地方各级官府需对丁税进行审计,且每年丁税和田赋一起征缴。其中不乏地方官员虚报,尤其是在江南地区,士绅和官员沆瀣一气,欺上瞒下,已经形成了不良的风气。既然如此,可以考虑将丁税和田赋用共同征缴的方式固定下来,建立一种新的税法。

雍正年间,在实行了火耗归公等政策后,地方财政收入其实已经有了保障。雍正帝和张廷玉决定在税制上进行改革,具体做法是参照田文镜在河南的做法,把丁税分摊到田赋之中,百姓按照田亩多寡纳税,田多的多缴、田少的少缴。这样做的好处和核心目的是让富裕的江南士绅多缴税,减轻贫苦农民的负担,从而缓解阶级矛盾,巩固统治基础。

当然,任何政策都需要有可靠的官员去推行。为了对付江南士绅,张廷玉等大臣共同商议,可由范时绎出任两江总督,负责在江南推行"摊丁入亩"的新政。

范时绎是大清帝国开国功臣范文程的孙子。范文程,字宪斗,自称是北宋范仲淹之后,他的家族明初自江西被贬谪至沈阳。他于万历年间考取秀才,是最早投靠努尔哈赤的汉族知识分子之一,为努尔哈赤、皇太极两代雄主制定典章制度,对满族的早期汉化起到了关键作用,被康熙帝誉为"元辅高风"。

之所以选择范时绎是因为他有一定的文化素养,和江南士绅有共同语言;二是他可以凭借祖父和父亲范承勋的声望,与满族官员、贵族和谐相处。范时绎入仕之初是武职,此时他还在马兰镇总兵任上,一旦在江南推行新政遇到地方发生民变的紧急情况,还可以轻车熟路地调动武力加以压制。还有范时绎在无官不贪的官场中还是个清廉的异类,家里的钱财甚至不能满足正常的日用要求,在富庶的江南,只有这样的官员才能避免被当地士绅拉拢,使改革能够推行下去。

雍正帝立即批准了内阁的举荐，由张廷玉拟旨，让范时绎署理两江总督，同时为了树立他在江南满族官员中的威信，还把他提升为正蓝旗汉军都统，后来又加授镶白旗汉军都统，方便他行事。

张廷玉嘱咐范时绎，江南地区虽然富庶，但也凶险万分，一定要慎之又慎，抵挡住诱惑，不负皇恩。若遇难处，可与他联系，必然全力相助。随后，范时绎带着多方期望，前往两江上任。

第二节 摊丁入亩 豪强作梗

随着军机处的成立，雍正帝彻底借西北用兵之名将权力牢牢握在自己手里。随后，在怡亲王胤祥和张廷玉等心腹大臣的襄助之下，雍正帝开始打压当初参与夺嫡之争的竞争对手：康熙帝皇八子胤禩、皇九子胤禟，将两人改名为"阿其那""赛思黑"，彻底逐出爱新觉罗宗室。此外，党附胤禩的镶黄旗一派鄂伦岱等人也被一并处置，胤禩在朝中的势力土崩瓦解。马齐被派往东北和俄国商谈边境条约，回来后就直接待在家中养老，不再过问朝堂之事。原本企图通过投效八爷党和镶黄旗一派的江南士绅顿时失去了依靠，加上王掞早已病亡，江南士绅在中枢的势力一时之间竟然陷入真空期。这就给了雍正帝在江南推行"摊丁入亩"最好的时机。

范时绎抓住了这个有利时机，按照雍正帝和张廷玉的布置，在江南实行"摊丁入亩"的新政，又经过一年多的准备，这项政策于雍正六年（公元1728年）正月正式施行。

按理说，江南一地并不是"摊丁入亩"新政的首创之地，早在一年前，河南、陕西、四川就开始施行"摊丁入亩"。首倡"摊丁入亩"并最早加以推行的人，是已经由河南巡抚升任河南总督的田文镜。但这些地方都只能算是投石问路，真正关系这项政策成败的是清王朝的财赋重地——两江地区，在这里能否成功推行"摊丁入亩"才是这一政策能否真正实行的关键。

这帮江南士绅不是闯王，公然违抗皇帝诏令的事情他们是不敢干的，但是和地方官员勾结、运用各种手段欺上压下的胆子还是有的。果然，就在范时绎代表朝廷宣布在江南地区实行"摊丁入亩"的新政之后，两江一带的士绅们明面上表示赞成，背地里却开始准备反击。这些从明中期以来就和皇帝斗智斗勇的士绅家族非常清楚，公然与皇帝唱反调是最笨的办法，要想"合理"地不交税，只需要打通范时绎这道关节，然后再给范时绎找一个可以应对皇帝和朝廷的冠冕堂皇的理由。于是，他们表态愿意由太仓一带七个州的士绅们共同出资，主动为大清帝国修浚运河。

范时绎毕竟是个长期待在兵营里的总兵，论心机根本不是这帮江南士绅的对手，他还以为这是一项可以取得政绩的"善政"，立即具表上奏朝廷，希望得到支持。张廷玉接到这封奏疏后，一眼就看穿了这帮江南士绅的心思：一旦同意让他们投资参与修浚运河这样的国家工程，他们必然以此为借口拖延缴纳田赋，同时利用自己的势力，将修河的差事转嫁给当地的贫苦农民。这样一来就会违背"摊丁入亩"新政的初衷，这些士绅们不但少缴了税，还可以落下出资修河的好名声，可谓"一石二鸟"。雍正帝看过奏章后，询问张廷玉的意见。张廷玉把自己的考虑向雍正帝做了汇报，希望雍正帝可以驳回范时绎的奏折，不能让江南士绅以此为由影响"摊丁入亩"新政的实行，借机进一步拖欠税款。雍正帝对他的分析完全赞同，当即让其拟旨，以修浚河道为国家事务，无需民间出资的理由驳回了江南士绅的"好意"。

眼见一计不成，以张云如、金士吉为首的江南士绅又生一计。他们利用当地贩盐的黑社会性质的组织"盐帮"作掩护，以盗匪祸害乡里、抢劫富户的名义，宣称自己的田地产业等遭受严重损失，无法按照原定亩数上缴赋税。于是，原本是"上有天堂下有苏杭"的苏州、松江这些人间福地，突然之间成为盗匪猖獗的凶地。这样一来，江南地区"摊丁入亩"新政实际上根本没有增加财政收入，也没有减轻平民负担。

张廷玉对此洞若观火：一个军旅出身的总兵，对自己辖区的"盗匪"竟然表现出一副无能为力的样子,甚至不管不问,这就不是能力问题,而是态度问题了。此番举动证明范时绎已经彻底上了贼船。范时绎的态度首先惹恼了雍正帝的亲信、时任浙江巡抚兼管两浙盐政的李卫。

李卫,字又阶,江南铜山人,他虽然出生于江南,但家中以经商为业,没有科举入仕的本事,于是靠家里出钱捐了一个兵部员外郎的官职。员外郎虽为闲散官职,却是正五品,应对自己所处的地方知县绰绰有余,所以各地富户往往趋之若鹜。明清时期,大户被称为"员外"也是来源于此官,可想而知,需捐的银两也不在少数。由此看来,李卫家资颇丰,这也使他也养成了"尚气"的坏习惯。所谓"尚气",就是讲义气、讲交情,做事欠缺思虑。这样的人在官场容易被人利用,不过这次利用李卫的是雍正帝,也算他运气不错。李卫在康熙五十八年(公元1719年)改任户部郎中,当时胤禛正在监管户部。早就对康熙时期官员的因循守旧看不惯的未来雍正帝,一下子跟李卫有了"潜邸"的交情。

当过户部尚书的张廷玉自然也认识这位"尚气"的户部员外郎,他对李卫抱有对田文镜一样的成见,认为他不入流,难当大任。可是在雍正帝那里,不同的人就应当有不同的用处。雍正帝特别喜欢用这些非科举出身的官员,主要原因是他们没有借用科举结党的可能,只能依靠皇帝,用起来更放心。这正是雍正帝和张廷玉两人不同的地方,雍正帝是整个改革的掌舵人,张廷玉是辅助他执行的官员。关键时刻,雍正帝的用人策略更为有效,而张廷玉没有他的这种魄力和眼光。

继位后,雍正帝先是把李卫外放到云南担任盐驿道,一年后升任云南布政使,一年之后又调任浙江巡抚,其升官速度之快,在整个雍正朝极少有人能达到。有趣的是,雍正帝最宠爱的三位封疆大吏,没有一个是科举出身:李卫是捐官,田文镜是监生,鄂尔泰是靠祖荫。

不过张廷玉越来越不喜欢李卫,主要原因是李卫这个人为官作风很不检点,喜欢收集古玩、名马这些"奢侈品",又不是科举正途出身,还喜欢摆官架子,在云南的时候就曾经逾制擅自给自己打造了一对"钦用"的牌子招摇过市。张廷玉得知这些情况后,立即向雍正帝提出要对其严加管束,不然长此以往必然会败坏皇帝的名声。雍正帝听了张廷玉的劝谏,亲自写信警告李卫收敛一些。

李卫虽然缺点一堆,但是他最大的优点就是对雍正帝百分之百的忠诚。在根基不稳的雍正帝看来,这一条优点绝对顶得上别的优点千万条。如果说张廷玉是雍正帝的一块璞玉,那李卫更像是一把尖刀。璞玉固然温润、圆滑,但还需有尖刀傍身,才可安心。为了教育这位对自己最忠诚的臣下,雍正帝在给李卫的朱批中反复强调:"闻汝恃能放纵,操守亦不纯。川马骨董,俱当检点。又制'钦用'牌,是不可以已乎?尔其谨慎,毋忽!"其中的"川马骨董"指的是李卫喜欢名马和古董这些奢侈品,他的这些爱好导致他在御史言官心目中的形象并不好。

但李卫没有将雍正帝的话放在心上,竟然在回奏的折子中耿直地以"受恩重,当不避嫌怨"的理由,把皇帝的劝诫给顶了回去。雍正帝也拿这个"爱将"无可奈何。不过李卫这么一个如刺猬一样的官员,虽然被主流科举官员所轻视,却在调查范时绎并在江南地区继续推行新政时派上了用场。

雍正六年(公元1728年),李卫上书弹劾范时绎和张云如关系密切。李卫把江浙一带推行"摊丁入亩"后频繁出现"盗贼"的罪责全部归结到范时绎身上,并且指名道姓地提出金士吉和张云如的名字,声称他们两人经常在一起密谋,违抗朝廷政令,意图造反。奏疏送到内阁,所有人都不敢相信。因为范时绎世受国恩,怎么可能和一个连功名都没有的地主密谋造反?有些和范文程以及汉军旗交情不错的御史,甚至开始准备弹劾李卫。

这一年,张廷玉正在负责将八旗事件记入起居注,已升保和殿大学士,暂管吏部事务。雍正帝将这么多的重担压在这位老臣身上,也有些不忍,曾面谕他:"朕本不忍再以铨部之事累汝,但再四思维,无有出汝右者。"如今,李卫这个"刺头"又来弹劾别人,张廷玉不得不打起精神来应对。张廷玉是范时绎出任两江总督的举荐人之一，按照《大清律》，凡被举荐之人谋反，举荐他的人也要受到相当严厉的处罚。加上张廷玉本人也是科举出身的官员，因此一开始他就站在言官一边反对李卫，支持范时绎。不过之后两年时间里，无论这些言官如何弹劾，雍正帝对李卫和范时绎的这场官司就是不表态，江南推行"摊丁入亩"新政的事就这样被高高挂起，悬而未决。

眼见雍正帝对言官们的弹劾根本不理，张廷玉开始重新考虑这件事。他和这些言官不一样的地方是，他更加了解雍正帝的想法和雍正帝身边的人。张廷玉清楚雍正帝起用李卫担任封疆大吏的第一个理由是他的忠诚，第二个理由是他很能干。作为世家子弟的李卫，虽然有着纨绔子弟喜欢"川马骨董"的癖好，不过他也是一个只把皇帝的指示放在心上的纯臣。雍正帝要在江南推行"摊丁入亩"，他就认真地执行这个指示。跟着这个线索想下去，这封看似无事生非的奏疏，实际背后很有可能有着李卫对雍正帝的了解，甚至可能是二人商量而来。试想年羹尧获罪的原因，也只是在奏折中写错了"朝乾夕惕"四个字而已。

张廷玉回首往昔，猛然察觉这种方法确是雍正帝惯用的手段：先从小事或者所有人都认为不可能的事情入手，在不引起所有人注意的情况下突然发难，让对方完全没有准备。于是他不支持查办李卫，反而趁着单独和雍正帝奏对的机会，提出由朝廷派人配合李卫去查核这件事。

雍正帝自会同意,他本就准备利用这个机会打击江南士绅集团。但雍正帝一直以来的顾虑是,如果按照李卫上奏的这些理由把范时绎当成谋反罪来处置的话,很可能逼迫镶黄旗一派铤而走险,风险太大,所以这个案子既要去查,又不能完全按照李卫的意思去办。

雍正八年(公元1730年),张廷玉主理的内阁在征得雍正帝的同意后,以朝廷的名义,派工部尚书李永升会同李卫调查此事。

第三节 范李之争 张相权衡

雍正八年(公元1730年),工部尚书李永升刚刚离开北京,已经升任浙江总督并监管两浙盐政的李卫就得到了消息。其实,李卫早已着手调查范时绎了。他在弹劾范时绎之后不久,就以雍正帝给他在苏州、松江、常州、镇江等七府五州的"缉拿盗匪"的授权为名,充分发挥他善于交际的特点,在两江辖区之内迅速查清了张云如、金士吉等人相互勾结,暗中反对"摊丁入亩"的情况,并搜集了一系列罪证。眼见朝廷派李永升前来查案,李卫立即将所有证据集中呈报,形成完整证据链,让范时绎无可辩驳。张廷玉这才发现,相比于那些整日在奏折中捕风捉影，用空话相互攻讦的科举官员，"员外"出身的李卫才是一个真正厉害的角色。

不过李卫的举动犯了官场大忌，使他成了江南士绅和官员心中的公敌。加上李卫派去江苏查案的浙江官吏在江苏地界直接抓人，导致江苏按察使马世烆大为恼火。他认为李卫的做法严重侵犯了自己的职权，于是就和上司两江总督范时绎一起，准备对付越权的李卫。

但他们还是失策了。李永升对朝堂上的情势和皇帝的喜好很清楚，张廷玉等内阁大臣对这件事的态度也很明确。他来到两江地界，并没有去见主管此地的两江总督范时绎，反而直接去见了久候此地的浙江总督李卫。

李永升向李卫传达了内阁对此案的处理意见：第一，范时绎放纵张云如、金士吉联络"盗贼"，阻碍朝廷推行"摊丁入亩"的新政，一定要承担责任，予以惩处；第二，李卫告范时绎联合张、金二人"谋反"一事则是"查无实据"，因为这样可能会逼迫朝廷内部已经遭到打压的镶黄旗一派铤而走险，且李卫的身份和祖孙三代都为清廷效力的范时绎无法相提并论，如果李卫坚持调查下去，很有可能给雍正帝引来烧身之火。

这相当于两边各打五十大板。这种举重若轻的处置，加上熟悉《大清律》的李永升的口才，最终让脾气火暴的李卫点头答应了。于是拖了两年的"谋反案"被改成了"缉盗案"，两江总督范时绎被撤职回京,江苏按察使马世炡被革职发配,江南士绅的领袖张云如、金士吉都被斩杀。李卫则正式调任两江总督,负责在两江推行"摊丁入亩"新政。

范时绎被撤职之后,雍正帝看在其先祖范文程的面子上,很快又起用他前往河南,协助河南山东总督田文镜(雍正帝为田文镜特设河南山东总督一职)治理黄河。但张廷玉等大臣觉得范时绎这样疏于政事的人绝对不能再委以重任,何况是与田文镜这样的"孤臣"共事,必然会引出新的祸事。

雍正帝依然派范时绎去河南督办河务。结果刚刚到河南的范时绎就被田文镜以汛期防洪不力、草菅人命为理由弹劾。接到田文镜奏疏的雍正帝大发雷霆,亲笔写下上谕,发给范时绎:"复命协理河务,岂意伏汛危急,时绎安坐于旁,置国事弁髦,视民命草芥。负恩瘝职,他人尚不可,况时绎乎?"

刑部本来就对范时绎在两江总督任上的处置有意见,这次见皇帝震怒,便按照朱批谕旨下令,立即把范时绎抓起来,并依律判了死刑。但雍正帝最后还是宽恕了他。雍正十年(公元1732年),范时绎被授工部尚书,兼镶黄旗汉军都统。雍正十二年(公元1734年),范时绎被罢尚书。雍正十三年(公元1735年),范时绎又因受贿而被弹劾,被关进监狱。雍正帝死后,范时绎被赦免,但再也没有得到重用,在乾隆六年(公元1741年)病死。

范时绎和李卫在江南的这次交锋，使江南士大夫心目中的"清官"范时绎败给了爱好"川马骨董"的"贪官"李卫。自诩为"清流"的言官御史们更是愤愤不平，对雍正帝的种种行为表达了不满。

从雍正帝的"一用一贬"可以看出来，这位皇帝最看重的是地方官员能否帮助他推行新政，并不在乎地方官的道德操守。从他赞同发放"养廉银"的行为来看，在他心中，绝对的清官是不存在的。他没有指望简单地通过严刑峻法来震慑贪官，也没有公开放纵官员贪污，以获得文官集团的支持。雍正帝的想法类似于"高薪养廉"，更具有可操作性：至少要让官员过得不像海瑞那样苦，这样才不会将廉洁的好官逼成贪官污吏，至少可以保障不想贪污的官员可以依靠俸禄和养廉银活下去，甚至活得不错。只有这样，官员才会出力为朝廷办事，而不是整日忙于搜刮钱财。

所以在雍正帝身边，不乏李卫这样喜好奢靡，却为皇帝"实心办事"的人，真正做到像张廷玉那样一生追求简朴的高官，可谓凤毛麟角。张廷玉一生，"无声色玩好之嗜，退食泊然无所营"，清廉为他赢来了皇帝的信任。他的住所、用度、积蓄多是皇帝感念他廉洁自守而赏赐的。但在这个时候，雍正帝更需要李卫这把尖刀。

李卫确实是雍正帝手中最厉害的一把尖刀。他在江南以浙江总督身份弹劾了两江总督之后,就此在江南正式立威。紧接着,"查嗣庭、汪景祺谋反案"爆发,雍正帝以江南士绅准备帮助隆科多、年羹尧造反为借口,要求停止江南人参加乡试、会试,并交由李卫督办执行。

这下打在了江南士绅的七寸之上。江南士绅之所以有如此巨大的力量,从根本上说是因为明朝中后期的内阁首辅大多出自江南。如今乡试、会试被停,意味着江南士绅将丧失对中央输送政治人物的可能。加之,以张廷玉为代表的江西士子正以"桐城派"为旗帜,引领两湖士子,打压江南士绅。这样的政策实施时间一长,对于江南士绅来说,不但政治影响力会衰退,整个江南在政治上都有可能陷入危机,甚至被其他地方的汉族士绅取代。

眼见形势如此严峻,本来还想抗拒"摊丁入亩"政策的江南士绅彻底放弃抵抗,乖乖地同意执行"摊丁入亩"政策,把积欠国家多年的赋税补上。雍正帝见江南士绅服了软,也在张廷玉的建议下,给了他们一个"甜枣",第二年就取消了对江南乡试、会试的限制。

雍正帝再次打赢了改革中最具决定性的一仗,江南由此成为大清帝国的财税源泉,其收入超过明代一倍,为大清帝国进入盛世奠定了扎实的基础。

李卫也由此成为雍正时期最为得宠的封疆大吏。雍正十年（公元1732年），李卫被调任疆臣之首的直隶总督。此后六年，李卫在直隶总督任上继续以他特立独行的行事风格，把直隶境内的"盗匪"治理得服服帖帖。可惜雍正帝的儿子乾隆帝却不喜欢这个先皇宠臣，称李卫"仰借皇考恩眷，任性骄纵，初非公正纯臣"，所以李卫在任上的最后几年过得并不如意。

乾隆三年（公元1738年），李卫死在任上。

张廷玉完整目睹了范时绎、李卫两人一步一步走上封疆大吏的过程，又亲眼看到了两人在任上逐渐迷失自己的种种行为。为了教育自己的后辈，张廷玉写下文章告诫自己的后辈："人家子弟承父祖之余荫，不能克家，而每好声伎，好古玩。好声伎者，及身必败；好古玩，未有传及两世者。余见此多矣，故深以为戒。"

随着雍正帝的改革逐渐深入，整个朝廷不仅收入增加，而且吏治情况逐渐好转。到了这个阶段，雍正朝的每一项重要决策均有张廷玉参与，但他从不揽功，也很少表态，只是做好分内之事。有人评价他："如张文和（张廷玉）之察弊，亦中人之才所易及。乃画喏坐啸，目击狐鼠之横行，而噤不一语。"也就是说张廷玉为人圆滑，但雍正帝就是喜欢这样的性格，称赞他"为人外平和，内方正，足办国家大事"。张廷玉有一次生病数日后回到岗位，雍正帝很高兴地告诉近侍说："朕股肱不快，数日始愈。"一些大臣以为是皇帝身体有恙，雍正帝却对他们说："张廷玉有疾，岂非朕股肱耶？"此时雍正帝视张廷玉为股肱，要事、秘事都交代他去办理。

雍正帝推行改革新政的这几年，每日收到从全国各地发来或发往各地的奏折难以计数，所以这也成了张廷玉一生中最为忙碌的岁月。在张廷玉的助力下，雍正帝推行的各项新政逐渐有了成效，朝廷中枢和地方的一系列工作得以顺利运转。雍正八年（公元1730年），雍正帝为了感谢这位鞠躬尽瘁的臣子，赐张廷玉白银二万两，张廷玉极力推辞，雍正帝谕曰："此朕藩邸之物，今无用处，特留以赏有功。汝非大臣中第一宣力者乎？当体朕心，不必再辞。"张廷玉只能拜受。之后，他将一千两寄给三弟张廷璐，为督学课士之用；将两千两寄回家乡，置公田、岁收谷，以资族中贫乏之人，以此将皇帝的恩赐福泽千万人。

这一年，忙于政务的雍正帝身体欠佳，需调养数月，于是命张廷玉与大学士马尔赛、蒋廷锡办理一切事务，并与御医商订方药。待痊愈后，雍正帝重赏了几人，特颁上谕：

> 马尔赛、张廷玉、蒋廷锡，自简任纶扉以来，祗遵朕训，仰体朕心，懋著忠勤，恪恭奉职。今年夏秋之间，朕躬偶尔违和，马尔赛、张廷玉、蒋廷锡赞襄机务，公正无私，慎重周详，事事妥协，一片至诚之悃，方之史册所载一心一德之风，洵属无愧。数月之中，朕躬得以静养调摄者，实赖伊等翊赞之力也。今朕躬已经全愈，宜加恩锡，以褒良

佐，以励臣工。马尔赛、张廷玉、蒋廷锡著各给一等阿达哈哈番，永远承袭，仍各加二级。其所赐世职，伊等或带于本身，或给与伊子，听其自便。①

"阿达哈哈番"是清朝外姓功臣与外戚的爵位，居于公侯伯子男爵之下，并且和以上爵位一样都是分三等，一等属于正三品，二三等则为从三品。

张廷玉对这天大的恩赐受宠若惊，惶悚不安，多次恳辞，雍正帝坚决授予其爵位，并肯定了他的功劳："汝之功勋在疆场汗马之上，朕意已定，不必固辞。"

就在张廷玉想要和缔造"开元盛世"的姚崇、宋璟那样成为一代太平宰相，竭力辅佐一代英主的时候，却遇到了他一生中最危险的敌人——"西林宰相"鄂尔泰。

---

① 《张廷玉全集》，第396页。

第八章 改土归流 西林入朝

雍正十年（公元1732年），久镇西南边陲，推行雍正帝"改土归流"新政最为得力的云贵总督鄂尔泰被召入京，官拜保和殿大学士，兼兵部尚书，办理军机事务。雍正帝在西南"改土归流"的目的，是希望借此强化朝廷对地方的管理，打破民族之间的隔阂。张廷玉对"改土归流"则不太赞同，认为此项政策花费过多，但收益十分有限。张、鄂二人对立的态度也埋下了乾隆朝党争的伏笔。

第一节　荐才西南　改土归流

鄂尔泰出自镶蓝旗，西林觉罗家族。"西林"在满语中意为士兵中的佼佼者。鄂尔泰的祖先居住在汪钦（今吉林省延边自治州汪清县一带），清太祖努尔哈赤举兵反明时，鄂尔泰的先祖屯泰带着自己家附近七个村的人口投奔，被封为牛录额真。皇太极时，鄂尔泰的曾祖图扪在大凌河战役中阵亡。可以说鄂尔泰一族是缔造大清帝国的杰出代表之一。

鄂尔泰和他行伍出身的先祖不太一样，他走的是科举加恩荫的路子。康熙三十八年（公元1699年），他考中举人，却因主考王掞卷入党争，引发顺天府科举大案，导致以王掞为首的一批高级官吏全被处理。鄂尔泰也被暂停会试资格。眼见科举之路不通，鄂尔泰只得再回到恩荫的路子上去。康熙四十二年（公元1703年），他继承了祖传的镶蓝旗佐领的职务，被康熙帝选为御前三等侍卫。康熙帝本来也不太认识这位满族大臣，结果一次外出狩猎的机会让他得到了康熙帝的青睐。

那天，心情不错的康熙帝和伴驾学士张廷玉等人一起和诗助兴。和诗本是文人之间的雅事，参加者按照抽签顺序选择韵脚，再以此韵脚来作诗，有作不出者，便当众受罚。结果，康熙帝抽到的韵脚是最难的"竟""病"两字，一下被难住了，和不出来。张廷玉等人一时也陷入尴尬之中。举人出身的鄂尔泰恰好想起南朝名将曹景宗的一首诗，随口和了出来："去时儿女悲，归来笳鼓竞。借问行路人，何如霍去病？"结果满座皆惊。张廷玉和鄂尔泰就此结识，年龄相仿的两人一度成为诗词好友，经常相互交流。康熙帝也很欣赏鄂尔泰的才华，于康熙五十五年（公元1716年）把他调到内务府任员外郎。

在此期间，鄂尔泰因为家族朝中无人，所以并不认识什么皇亲国戚，有一次甚至直接无视了当时主管内务府的雍亲王胤禛的私人请托，以至于被认为不通为官之道，同僚们也因此嘲笑了他许久。鄂尔泰看着张廷玉步步高升，自己却一直停留在内务府，又不善钻营，不禁感慨良多。康熙六十年（公元1721年），年满四十岁的鄂尔泰一度写诗感叹自己的境遇太差，"揽镜人将老，开门草未生"，"看来四十犹如此，便到百年已可知"。此时，鄂尔泰可能只想颐养天年，不复当年"何如霍去病"的雄心壮志。

机会说来就来。原本被鄂尔泰拒绝私人请托的雍正帝继位后，不但没有报复鄂尔泰，反而以此为据，认为鄂尔泰是一个实心办事、认真守法、没有私心的好官，提拔了他。当雍正帝就此事向已经调入内阁任职的张廷玉咨询时，张廷玉立即将鄂尔泰的履历如数家珍般尽数道来，他对皇帝看重的这位官员也很欣赏。

作为雍正帝的近臣，张廷玉必须替皇帝考虑更多的事情：新朝刚立，皇帝在满族官员中没有根基，一来康熙朝的满族官员没有雍正帝亲自提拔的；二来两黄旗隆科多等人已经尾大不掉。隶属镶蓝旗的鄂尔泰又恰恰长期被正黄旗、镶黄旗各派力量忽视，此时任用他，一方面可以在朝堂中培植属于自己的满族官员势力，另一方面也不至于引起两黄旗高级官员的反感。

那么给鄂尔泰安排什么职务合适呢？鉴于鄂尔泰没有在基层任职的经历，可以先担任云南乡试考官积累资历，再授布政使实缺职务加以历练。雍正帝的想法与张廷玉不谋而合，张廷玉当即替皇帝拟写旨意，鄂尔泰也由此开启了十年封疆大吏的生涯。

雍正元年（公元1723年），鄂尔泰先做了云南乡试考官，不久又被提拔为江苏布政使。在布政使任上，鄂尔泰开始展现出他和其他满族官员不同的一面：喜好文学，更善于以此结交汉族士大夫。

考虑到自己在地方毫无根基，鄂尔泰在自己的布政使衙门里建了一座暗含"春风化雨，教化万方"寓意的"春风亭"，广泛结交江南地区的汉族士大夫。这一点让远在北京的张廷玉都对这位举人出身的满族官员刮目相看。

不仅如此，鄂尔泰还进一步收集江南文人士大夫的诗文，辑成《南邦黎献集》，上呈雍正帝御览。"黎献"二字出自《尚书》"万邦黎献，共惟帝臣"，一来表明江南文人对朝廷、对雍正帝的真心归附，二来书中诗文的作者全都不是在任官员，都渴望得到朝廷任用。一时间，朝堂上下两江籍贯的官员都把鄂尔泰视为自己家乡的代表，纷纷上书配合他向皇帝举荐江南在野的人才。

张廷玉与鄂尔泰的矛盾大概就是从这时候开始的。自康熙朝晚年，以王掞为首的江南士族一直试图通过夺嫡斗争，重新夺回自晚明以来的朝堂主导地位。原本他们寄希望的以廉亲王胤禩为首的镶黄旗一派，现在被雍正帝死死压制，此时出现的鄂尔泰无疑给了这些已经垂死的江南士族一针强心剂。作为"桐城派"经世致用学说的代表人物，张廷玉不愿意让这些江南士族重新占据政治舞台。

但是鄂尔泰并不这样想。他利用修亭、编书等一系列举措，争取到了江南士族的支持。这些支持立即转化为他任上实实在在的政绩：在江苏布政使任上，他仅用两年时间就筹得了三万三千多石粮食，存放在苏州、松江、常州三府，以备荒年赈济灾民之需。与此同时，鄂尔泰还勘察了太湖下游的水利工程，并拟定了修缮吴淞、白茆一带的河工计划。这些政绩已经足够耀眼，疏浚太湖的工程还没开始，鄂尔泰就被晋升为广西巡抚。和他同时被派往西南的还有出身江南士族的杨名时，杨名时被任命为云贵总督。

张廷玉虽然不看好鄂尔泰这么快就倒向江南士族一边的做法，但还是按照皇帝的意思，在内阁写了票拟，让鄂尔泰前往广西赴任。此时整个朝廷和雍正帝的注意力都在西北用兵、山西清理欠款、河南推行"官绅一体当差纳粮"、江苏推行"摊丁入亩"的事情上，忙得不可开交，自然管不到广西去。雍正帝和张廷玉都认为只要鄂尔泰可以保证西南边陲稳定就行，没有太多的期待。

可是，已经在江南经营多年的鄂尔泰却不是这样想，他在广西继续和江南士族保持关系，整合力量。这一次出面和他合作的就是被江南士族寄予厚望的云贵总督杨名时。

杨名时，江南江阴人，康熙三十年（公元1691年）进士，是康熙朝名臣李光地的学生。他在朝廷和地方多年为官，虽然有清廉的名声，但是实际的工作能力很一般。他任云南巡抚时，曾就云南兵多粮少的问题向雍正帝请示："云南兵粮岁需十四万九千余石，俱就近支放。兵多米少，诸州县例四年折征一次，请改每年给本色三季，折色一季。"希望以每年折征一季的方式，减轻各地负担。雍正帝批准并称赞了他，希望他再接再厉，不忘初心。杨名时尝到了甜头，为了表示自己的清廉，又向雍正帝上书，在云贵仅按照旧例将"盐规"（从盐税中抽取的地方税）留下，作为地方办公费用。奏折中说："云南巡抚一切规礼，臣一无所取。惟盐规五万二千两，除留充恤灶、修井诸用……拨补银厂缺课，及公私所用，皆取于此……请仍留臣署若干，余悉充公用。"之前他改变征税的方式，已经减少了朝廷的收入。这次他又要挪用部分盐税，除了有得寸进尺之嫌，他把一件并不是很大的事情奏悉皇帝，还有点"卖

"乖"的意思。雍正帝非常精明，一眼就看出来杨名时这封奏疏的根本目的是"邀名"，于是在杨名时的奏疏上批注："督抚羡馀，岂可限以规则？取所当取，用所当用，全在尔等揆情度理而行，无烦章奏也。"这话就是在说杨名时没有尽到一个督抚的责任，自己应该处理好的事情没有必要向皇帝报告。此后，杨名时在雍正帝心目中也从一代廉吏变成沽名钓誉之辈。杨名时和鄂尔泰气味相投，喜欢相互吹捧，加上江南士族在其中穿针引线，此番二人同时调任西南，实际上就是朝廷中江南出身的官员们全力推动的结果。

得知杨名时在云南沽名钓誉的一番举动后，久在户部的张廷玉决定向皇帝建议把此人调走。西南地区本来就情况复杂，杨名时随意改变过去的征税规则，容易打破平衡，导致西南地区的局势不稳。朝廷此时因西北用兵之事已经焦头烂额，西南不能有变。张廷玉立即规劝雍正帝派熟悉地方实务的官员前往云南，解决"盐规"税则问题，否则云南滥征问题将不可避免，未来甚至有可能发生民变。

此时的张廷玉在吏部、户部都有举足轻重的分量，关于人事任用，尤其是关于财政税收方面的公务，雍正帝一定会询问他的建议。最后，朝廷派朱纲出任云南巡抚，实际负责"盐规"征收事务。杨名时果然就在这个"盐规"上出了问题。朱纲查明云南亏空巨大，废除"盐规"不切实际，遂立即正式向内阁上奏,"劾名时在任七载,徇隐废弛,库帑仓穀,借欠亏空"。这等于把杨名时和江南士族打着为民请命的幌子,在地方横征暴敛的最后遮羞布给扯了下来。不过,朱纲这样做实际上也是两边讨好。因为江南士族也发现他们无法和雍正帝正面对抗,便决定抛出杨名时做替死鬼,算是"丢车保帅"。原本张廷玉可以以此为契机,打击杨名时和他背后居心叵测的江南士族集团。可就在这时,朱纲突然上奏为杨名时定罪,雍正帝本来就怀疑杨名时等人结党,便改派接替云贵总督的鄂尔泰出面调查杨名时。

张廷玉等一众内阁大臣立即感觉到不对劲。之前鄂尔泰在江南的种种作为,表明他和江南士族的关系非同一般,雍正帝让江南士族中的一个代表去审另一个代表,这种做法有失公允。于是,大臣们请求雍正帝派出刑部侍郎黄炳,会同朱纲,"配合"鄂尔泰审理杨名时,雍正帝同意了。杨名时是江南名士,面对鄂尔泰、朱纲、黄炳的"三堂会审",开口仁义、闭口道德,三人根本拿他无可奈何。在实际审讯过程中,鄂尔泰维护杨名时,黄炳品级最低,朱纲是个墙头草,见状立即倒戈转向鄂尔泰,和他沆瀣一气,准备保住杨名时。黄炳只能把情况通报给内阁的张廷玉等人,让他们想办法。

张廷玉不愿放弃,趁着雍正帝怀疑朱纲和杨名时结党,为黄炳争取到了审讯的主动权。可就在黄炳查明了杨名时亏空的具体数额，追回了数万两亏空，正准备给他上刑让他招供的时候，鄂尔泰立即出面阻止了黄炳的进一步审讯，并承诺由他来担保，让杨名时补足剩余的亏空。雍正帝此时正专注于西北军事，也不想继续纠缠下去，最终同意了鄂尔泰的处理方案，将杨名时革职，留云南待命，等于将他流放在云南，但好歹保住了性命。

杨名时一案是张廷玉和他背后的"桐城派"科举庶族集团，与鄂尔泰和他背后的江南士族集团相互争斗的第一次交锋，两位朋友也就此结怨。

看到杨名时的下场，鄂尔泰在云贵总督任上决定投雍正帝所好，推行一场新政改革，为自己积攒政治资本。雍正四年（公元1726年）春，鄂尔泰上奏请求在云贵总督辖区内实行"改土归流"的新政。

清代云贵总督辖区很大，除了云南、贵州两省之外，还包括今天四川、西藏的一部分地区。这一带自元代以后就实行土司制。所谓土司制，是指中央对地方少数民族进行间接统治的一种制度。自明代土司制达到极盛，播州土司杨应龙等人甚至掀起叛乱，史称"播州之乱"。之后直到雍正年间，土司制度依然存在。这种间接统治的好处是成本低，对于中央统治者来说比较省事；坏处是中央的权力难以在这里行使，地方的财赋税收也不便于管理，还容易形成割据势力。

针对这种情况，鄂尔泰提出了新的治理方案，其理论基础是

"欲安民必制夷，欲制夷必改土归流"。这实际上是想将原先低成本、低收益、间接管理的世袭土司制，改为高成本、高收益由中央直接管理的流官制，即"改土归流"。

这样做可以给鄂尔泰带来两个好处：一是增加云贵官员的员额。改土归流前，云贵总督辖区内有大量世袭的地方土司，所以云贵的"流官"府、道、县的官员数量比起其他总督辖区要少得多；改土归流后，辖区内官员数量将急剧增长。而这些官员的位子都是鄂尔泰争取来的，他们对鄂尔泰和他背后的江南士族自然感恩戴德，直接使鄂尔泰一派的势力变强。

二是云贵地区需要长期用兵，中央财政必然倾斜。鄂尔泰提出的"改土归流"，具体方案是"计擒为上，兵剿次之；令其自首为上，勒献次之。惟剿夷必练兵，练兵必选将。诚能赏罚严明，将士用命，先治内，后攘外，实边防百世之利"。就是要用武力逼迫这些土司放弃世袭职位和特权。这样一来，原本在大清帝国所有总督辖区里面军事经费较少的云贵总督，就可以利用剿灭土司的机会扩军，从朝廷要来更多的拨款和更多截留本地的"火耗""盐规"，为自己所用。

由此可见，"改土归流"这项新政和"火耗归公""摊丁入亩"这两项新政不一样，是一项投入产出不成正比的新政措施。正因如此，张廷玉坚决反对"改土归流"。

雍正帝却坚决支持鄂尔泰。

第二节　西北狼烟　西林掌兵

雍正帝支持鄂尔泰"改土归流",除了解决云贵地区的问题,大概出于两个目的:第一,他作为一个帝王,需要平衡朝廷各个方面的势力,虽然他一再打压江南士族集团和镶黄旗集团,但政治问题不是通过简单的暴力打杀就能解决的,它是各方势力的博弈。支持鄂尔泰"改土归流"而出现的一系列"流官",刚好可以用江南士族中的一部分人来填补,通过这种怀柔手段来减少改革的阻力。第二,满洲八旗集团缺少领军人物。八旗势力是清朝立国的"国本",在清理了"八爷党"一派和正黄旗揆叙、镶黄旗鄂伦岱等一大批八旗官吏之后,雍正帝先前使用的田文镜、李卫等人都是汉族官员,靠他们是不可能制约八旗势力的。此时出身镶蓝旗的鄂尔泰就成了雍正帝制约八旗势力的下一枚棋子。所以必须给鄂尔泰施展的机会,同意他在西南开展"改土归流"。

这样一来,张廷玉和鄂尔泰的第二次交手,以张廷玉的失败告终。"改土归流"在整个云贵总督辖区推广开来。

不过,有些政策实在很难推行,从雍正四年(公元1726年)开始至雍正十年(公元1732年)鄂尔泰调走为止,"改土归流"政策引发了云贵地区一系列的叛乱行动,清军在这几年间,忽东忽西,忙于应付,整个云贵区域的土司时叛时降,在雍正年间一直没有消停过。这场由"改土归流"引发的持久战,一直持续到乾隆年间攻破大小金川土司,才算彻底结束。

鄂尔泰和他背后的江南士族集团却从中获得了实在的、巨大的利益。鄂尔泰自己在这几年间不断升迁,雍正七年(公元1729年)正月被授予三等阿思哈尼哈番。云贵两省的巡抚、提督、总兵,文知县、武千总等多人被晋升,其中很多位子被江南士族所把持。雍正十年(公元1732年),云贵苗疆基本平定。鄂尔泰被召回北京,拜保和殿大学士,兼兵部尚书,办理军机事务。同时还以军功晋封世职一等精奇尼哈番,授一等伯爵。

要知道,鄂尔泰在云贵时对待土司特别残酷,史称"而诸土司世守其地,一旦归版籍,其渠诛夷、迁徙皆无幸"。可见,他的顶戴花翎是用西南少数民族人民的血染红的。眼看鄂尔泰被调回京城,成为首席军机大臣之一,张廷玉心中出现了新的担忧,但他一时之间也拿鄂尔泰毫无办法。

面对朝堂上势力的倾斜以及杀伐果断、来者不善的鄂尔泰,张廷玉决定从法规上做些文章,给鄂尔泰一个提醒:京城不是边疆,即便你功高一时,也必须按章行事。他给朝廷上了一道《请免滥禁慎引律疏》,可谓言之有物,提醒雍正帝不但要重视对法制的建设,还要注重对执法者的教育,杜绝违法现象。

  窃惟国家之设监狱,原以收禁重罪之人。是以各省人犯,罪重者收监,罪轻者或令人取保,或交人看守;本人亦自知所犯甚轻,无潜逃私逸之事。独有刑部衙门,遇八旗部院、步军统领衙门以及五城御史等交送人犯,不论曾经奏闻与否,亦不论事情之大小,与犯罪之首从,一经锁送刑部,即收入囹圄之中,听候质审。以致狱卒之需索欺凌,吏胥之恐吓诈骗,备极困顿,百弊丛生,甚至有倾家瘐毙者。及至定案时,而斩绞军流重犯原无几人,其余不过徒杖笞责之罪。甚至有偶尔干连审系无辜,应行释放者。如今年二月间,刑部清查案件,省释者二百余人,即此类也。

  臣细求其故,国家定例,原不如是。只因陋习相沿,彼拘送之衙门,初不计其到部之苦;而刑部官员,又以宁严毋纵,可告无过,遂至常行而不改也。似应特颁谕旨,令九卿悉心妥议,凡衙门奏闻交送刑部,及自行拿送刑部之人,何等当收禁监狱,何等当取保看守,分别定例,详慎遵行。如此,则滥禁之弊可除,而于刑名不无裨益。

  再者律例之文,各有本旨,而刑部引用之时,往往删去前后文词,止摘中间数语,即以所断之罪承之,甚至有求其仿佛而比照定拟者。此间避轻就重,司员之藉以营私,吏书之高下其手，皆由此而起。臣思都察院、大理寺与刑部同为法司衙门，若刑部引例不确，应令都察院、大理寺驳查改正；倘驳而不改，即令题参。如院寺扶同朦混，或草率疏忽，别经发觉，则将都察院、大理寺官员，一并加以处分。如此，或亦清刑名之一助也。

这很有可能是在提醒雍正帝，鄂尔泰在边疆骄横跋扈、目无法规，如今调他入京需慎之又慎。但雍正帝似乎不以为意。

鄂尔泰进入军机处后，立即凭借其满八旗出身的身份排到了张廷玉前面，两人分别成为汉、满两方官员依附的对象。

而此时准噶尔汗国再次攻击大清帝国西北边境，清军屡战不利。准噶尔汗国就是明朝"土木堡之变"中生擒明英宗朱祁镇的蒙古瓦剌部后人。这个汗国在17世纪重新崛起，成为中亚强国。康熙年间，其领袖噶尔丹勾结沙俄帝国，多次和大清帝国交锋，最终被康熙帝亲征击溃，噶尔丹兵败自杀。雍正七年（公元1729年），其后代噶尔丹策零重整旗鼓，率领十余万大军攻向大清帝国。

由于议事的内阁设在紫禁城太和门外，官员来往复杂，为了防止军事机密泄漏，及时了解战况，雍正帝在隆宗门内设置军机房，作为临时性的军事指挥机构，选内阁中小心谨慎者入直。雍正十年（公元1732年），改军机房为"办理军机处"，简称

"军机处"。张廷玉被调入军机处,成为第一代军机大臣。

张廷玉作为军机处的第一批成员,地位仅次于雍正帝最为信任的弟弟怡亲王胤祥,对军机处制度的建立起到了不可替代的作用。《清史稿》记载:"军机处初设,职制者皆廷玉所定。"由于军机处是非常时期的产物,自诞生之日起就摆脱了传统官僚体系臃肿、繁琐的弊端,在张廷玉主持下创建的一套廷寄制度,减少了很多不必要的环节,大大提高了办事效率。军机处的保密工作做得非常好,实行严格的归档保密制度,设有专门的档案房,有专职的保密人员管理这些档案,也为后代留下了许多难得的珍贵史料。

军机处是因西北用兵而成立,雍正帝也就在此和群臣商议西北用兵之策。当时噶尔丹策零十万大军的攻击方向有两个:科尔沁和吐鲁番。此番迎战,必须谨慎以对。

经过军机处的反复商议,最终确定为了应对准噶尔汗国对科尔沁和吐鲁番两个方向的威胁,成立两支部队:北路军以八旗名将黑龙江将军傅尔丹为靖边大将军,统领北路军精锐六万人马应对科尔沁方向之敌;西路军以绿营名将岳钟琪为宁边大将军,统领汉军绿营西路军精锐十六万人马应对吐鲁番方向之敌。

岳钟琪作为一名汉军将领得以掌兵,必然是因为得到了张廷玉的支持。岳钟琪之前是年羹尧的副将,有丰富的西北地区作战经验,且担任过川陕总督,用兵时便于调动四川的粮草。

雍正帝对此番选将十分满意。

正当二十多万清军在西、北两个方向集结的时候，准噶尔大汗噶尔丹策零以交出钦犯——雍正初年在青海叛乱的老将罗卜藏丹津为诱饵，假意向大清帝国求和。雍正帝是一流的政治家和改革家，却不是一个优秀的军事家，他轻信了噶尔丹策零的说辞，让岳钟琪和傅尔丹两个统帅，千里迢迢地从两路大军的大本营回到北京，面授机宜。

这就给了噶尔丹策零机会。雍正九年（1731年），准噶尔军首先攻向西路清军的重要后勤基地——科舍图马厂大营，掠走大批牛羊马匹，烧毁清军大量粮草。好在岳钟琪及时赶回大营，稳住了阵脚。全军集结稳进，越过沙漠，杀向伊犁河谷一带，准备在吐鲁番与准噶尔军决战。

噶尔丹策零见西路清军人数众多，还装备有西式的洋枪洋炮，一时间难以获胜，决定以少量部队牵制西路清军，主力向北路清军攻去。北路清军傅尔丹部多为八旗兵和蒙古骑兵，作战以传统骑射为主，缺少火器，而噶尔丹策零所部拥有大量沙俄提供的西式步枪和火炮，且兵力上也有优势。于是，噶尔丹策零一边把准噶尔六万精锐布置在北路清军的必经之路，一边再次使用诈降计，引诱傅尔丹部前来。

结果，傅尔丹把六万精锐八旗兵带入了死地，双方在科布多激战数十日，北路六万清军几乎全军覆没，只剩下两千人马突出包围圈。此战是大清帝国建立以来前所未有的惨败,面对噶尔丹策零的西式枪炮的轮番轰击,依然坚守骑射古老战术的八旗军精锐和最强悍的索伦军几乎全军覆没。战后,北京城内的八旗子弟家家戴孝,人人出丧。这一仗也彻底打掉了雍正帝改革的锐气,让他不得不重新调整朝廷的用人策略。

北路军全军覆没,西路军岳钟琪部在和准噶尔军的较量之中则互有胜败。几番交战下来,双方都有伤亡,但清军基本控制了伊犁河谷一线,在吐鲁番摆开阵势,等待敌军前来决战。

可这时,刚刚被调入北京的鄂尔泰却一边上书保全军覆没的傅尔丹,一面出手组织御史,以"攻敌不速,用人不当"弹劾西路军主帅岳钟琪。结果,全军覆没的北路军主将傅尔丹只是被削除爵位,依然在军中效力,反而是取得一些进展的西路军主将岳钟琪被交兵部拘禁候议,生死难料。不仅如此,鄂尔泰还借机自荐前往西北,接替岳钟琪"督巡陕、甘,经略军务"。

科布多一战已经直接动摇了大清的国本。原本在顺治、康熙年间被倚为长城的八旗军精锐数量只有六万左右,被视为珍宝的索伦兵更是只有几千人,这些有生力量被一仗打光,可能需要数十年才能恢复元气。此时,雍正帝明显对掌握西路军的岳钟琪不放心,不敢将全国仅剩的精锐交给一个汉族将领掌握,这才是岳钟琪和傅尔丹两人被区别对待的根本原因。

正是因为看穿了这一点,同为汉人的张廷玉不敢再保岳钟琪。只是在岳钟琪被押解进京之后，暂缓了对他的处罚。加上败军之将傅尔丹并未受到重处，雍正帝也就没有深究岳钟琪的莫须有之罪。

鄂尔泰出镇西北之后，清军依靠蒙古诸部，特别是蒙古王公的支援，在北路多次击败噶尔丹策零。准噶尔汗国整体实力不如大清帝国，加上最为富庶的伊犁河谷一线已经被西路军占领，乌鲁木齐也早被岳钟琪攻克，准噶尔军无力再战，双方军事行动逐渐平息，鄂尔泰奉旨与准噶尔汗国议和。

雍正十一年（公元1733年）六月，鄂尔泰和准噶尔部签订了停战协议，返回北京。他以准噶尔汗国很难迅速被消灭为由，劝雍正帝停止西北用兵，算是给了雍正帝一个台阶下，结束了西北战事。

雍正帝对鄂尔泰的一系列做法给予了极高评价，很快把他抬到了和张廷玉一样高的地位。一日，内阁部院诸臣奏事毕，雍正帝闲论旧事，谕曰："大学士张廷玉侍朕左右，敬慎小心，十一年如一日。其为人外和平而内方正，足办国家大事。前岁朕躬违和，凡有密旨，悉以谕之，彼时在朝臣工中只此一人。今大学士鄂尔泰来京，朕得两人矣。"①

眼看鄂尔泰在朝中如日中天，其子弟仕途也顺风顺水，张廷

---

① 《张廷玉全集》，第406页。

玉内心可能并未起什么波澜，雍正帝却担心这位长伴左右的大臣会"吃醋"，同时也为了保持朝堂中满、汉的平衡，彰显皇帝对汉大臣的重视，雍正帝于雍正十一年（1733年）九月给张廷玉放了个假，准许他回乡祭祀父亲大学士张英，举行其入贤良祠的典礼，并允许张若霭随去，族中子弟若有在京闲散职衔者，都准其随回襄事。张廷玉的弟弟、江苏学政张廷璐，亦给假暂回本县。雍正帝还赐白银一万两给张廷玉，为祠宇、祭祀及长途之用。

据《世宗实录》中记载，十一月初六日，雍正帝似乎是担心张廷玉不明白他的一番用意，又下谕："朕赐祭贤良祠大学士张英于本籍，著安徽巡抚徐本前往致祭。大学士张廷玉请假回里，著给与驿递夫马。其所过地方，派拨弁兵护送，并文武官员迎接之处，悉照上年大学士鄂尔泰进京之例。至明年回京之日，亦照此遵行。"十二月初八日，安徽巡抚徐本手捧谕祭文至桐城县，张廷玉率全族人等恭迎于郊外。初九日，举行谕祭大典。张英的入祠礼仪十分隆重，又赶上久雨初晴，天气和霁。桐城县内的白叟黄童、绅衿士庶以及四方前来观礼者人山人海，莫不叹羡。

二十八日，张廷玉六弟张廷珠遣家人驰回，捧御书"福"字，传雍正帝旨曰："此赐大学士过节者，务于节前赍送到家。"另有一道旨意催促张廷玉回朝，雍正帝甚至给他算好了回京的良辰吉日，并告诉他不用着急："择得正月二十日丁酉黄道上上大吉之辰，宜用午时，卿可于此日起身，路上不可贪程，从容而来可也。"

张廷玉回京后，雍正帝又特遣内大臣兼户部侍郎海望前来传旨慰劳，带来肴馔、果品、酒醴以赐。之后，雍正帝数次降谕，强调大学士鄂尔泰、张廷玉是朝之贤大臣，自己起用两家后起人才，是出于公心，而张、鄂两大学士每见子弟提拔，则必恐惧退让。若两家子弟不听父兄之教，有失职之处，自重加谴责，希望其他大臣不要质疑他的"公心"。

张廷玉一贯云淡风轻，面对雍正帝的一系列厚爱恩赐，是发自内心的诚惶诚恐，此时他对鄂尔泰也没有太多戒心。但鄂尔泰此后却和张廷玉展开了一系列争斗。

第三节 鄂相入京 廷玉不宁

雍正十年（公元1732年），雍正帝召鄂尔泰入京，封保和殿大学士，升至首席军机大臣。在张廷玉看来，雍正帝召鄂尔泰回京不完全是看重他的家族履历，而是有着深刻的政治考量。他甚至觉得皇帝这个诏令是冲着自己来的。

雍正帝当政后，地方上重用汉军旗人田文镜、李卫，打压满军旗人的官员，和满八旗势力有勾结的年羹尧都被杀掉了；在中央则重用科举出身的张廷玉等汉族官员,打压隆科多和廉亲王胤禩一党。朝廷中满八旗旧贵族对雍正帝的种种安排颇为不满,之前还有怡亲王胤祥担任总理王大臣,可以统管朝中大小事务兼理八旗事务。雍正八年(公元1730年)五月,胤祥病逝,朝中再没有可以和张廷玉相提并论的满族大臣。

政治的秘诀之一就是平衡,即便沉稳如张廷玉,也不能"一家独大"。雍正帝决定重用鄂尔泰,让在军事上经历惨败的大清帝国暂时在政治上重获平衡。

鄂尔泰成为军机处首席大臣之后,为了达到打压绿营军和张廷玉势力的目的,给已经摇摇欲坠的八旗势力续命,必须打压岳钟琪,保住傅尔丹。但是,如果只以"攻敌不速,用人不当"的理由去处分岳钟琪的话,那傅尔丹全军覆没,肯定也不能免罪,而且不能真正服众。

为此,鄂尔泰找了一个新的理由来整治岳钟琪,甚至希望借此机会把张廷玉也给牵连进来——吕留良案。

科布多之战后,清朝统治集团的八旗兵战斗力和人员损失太大,对汉文化区域的统治,已经不能够用简单的武力镇压来维持,雍正帝决定通过思想控制的手段维系自己的统治,遂兴起一系列文字狱,企图扼杀反清思想。在这一系列文字狱中,以吕留良案最为知名。

吕留良是浙江崇德人,以前明遗老自居,顺治、康熙年间多次拒绝清廷征辟,后削发为僧,死于康熙二十二年(公元1683年)。到雍正年间,他已经死了近五十年,但这个人身上有文章可以做。鄂尔泰在江苏布政使任上编纂《南邦黎献集》的时候,就有人向他推荐吕留良的文章,结果鄂尔泰不仅没用,反而在里面找出了不少反清复明的"悖逆之言",只不过吕留良已经死了多年,他当时也人微言轻,故而没有深究。

事情的经过是这样的:

雍正七年(公元1729年),岳钟琪统辖陕西、四川、甘肃三省绿营精锐十六万,准备西进消灭准噶尔汗国。岳钟琪以汉族将领身份统兵,当时就有许多满族御史风闻言事,声称他准备谋反。为了安慰岳钟琪,雍正帝还亲自写了一封密信给他,其中专门提到了某些小人以岳钟琪是岳飞的后代,而清朝统治集团是女真人的后代为依据,推断他一定会谋反。雍正帝为了让岳钟琪安心,将这些言论都斥为无稽之谈。

可是,谣言越传越广,远在湖南的曾静听到这个消息,立即派自己的学生张熙报书岳钟琪,劝其起兵反清。曾静的理由是,岳钟琪已经被雍正帝怀疑,所谓"主疑臣危",而民间流传雍正帝是"杀父弑母虐弟淫女"的昏君,为求自保,岳钟琪必须谋反。这套说辞基本就是曾静自己想当然的说法,谁都不会信。岳钟琪当场就把张熙给抓了,而且很快通过诱供的方法,把张熙的老师曾静也一并捕获。为了让雍正帝放心,岳钟琪把所有经过写成密折之后,命人把张熙、曾静押送北京。雍正帝得知此事后,突然产生了为自己辩护的兴趣,于是一面亲自审讯曾静,一面让曾静写了一篇《大义觉迷录》,为自己的"杀父弑母虐弟淫女"的形象辩解。

按理说这事无论如何,都不能说岳钟琪有问题。

不过鄂尔泰自有办法,他找到最初负责审理曾静一案的满洲镶红旗人杭奕禄。此人是康熙年间庶吉士,康熙四十八年(公元1709年)因"满汉文俱劣",被革去庶吉士,因此对朝廷内的翰林学士尤其是以张廷玉为首的汉人学士尤为痛恨。杭奕禄通过曾静的口供得知他曾经在游学时读到过吕留良的文章,并向吕留良的后人求教过。鄂尔泰得到这个消息,如获至宝,他利用自己对吕留良悖逆文章的熟悉,强行将吕留良和曾静案联系起来,指挥手下江南士族中的御史立即上书弹劾岳钟琪故意隐瞒吕留良之事不报,意图蒙混过关,必定是包藏祸心,图谋不轨,意图造反。

这是天大的冤枉。岳钟琪根本就没有见过曾静本人,怎么可能知道他和吕留良的关系。而且吕留良和曾静也没有见过面,只是曾静在游学过程中读过他的几篇文章,吕留良甚至不能被认定为曾静的老师。这些事情岳钟琪根本不可能知道,又怎么可能报告给雍正帝。而且岳钟琪主动举发此事,雍正帝也没有别的指示,甚至连曾静本人都没有因此被杀,岳钟琪凭什么要为曾静的言论负责?

所有这一切都只是一个借口。鄂尔泰抓住雍正帝在科布多战役后内心严重的不安感,给了他一个罢免岳钟琪的理由。

同为汉臣的张廷玉知道,岳钟琪最大的"罪过"就是他只是四川成都一个普通的汉族绿营兵,既不是图海那样的满族名将,又不是年羹尧那样的汉军旗人,还不是科举出身。雍正帝在科布多战役前可以允许岳钟琪统领大军,是因为满洲军和蒙古军主力还在,可此战之后,八旗军主力全军覆没,掌握军权之后的汉族将领岳钟琪也不能让雍正帝放心,果然,岳钟琪被革职问罪。

鄂尔泰认定这次岳钟琪在劫难逃,但他一时也没有实质性的证据可以定岳钟琪死罪,只能把岳钟琪关在牢里,等候处理。

雍正十二年(公元1734年),雍正帝召大臣讨论与准噶尔部的战事,主张用兵者居多,查郎阿、策凌等满族将领皆持此议,他们认为此时兵力有余,士气奋勇,应一举讨灭敌人。而张廷玉为了保住诸多汉将,同时尽快结束战争,以免给大清造成难以估量的损失,独主和议。他十分罕见地表达了自己的主张,手书一稿,大臣附议者十数人:

今贼人自厄尔得尼招大败之后,势穷力竭。本年春间,我兵从北路袭击,直越额尔齐斯。贼夷惊惶,不敢迎战,但周识圣心之宽大,自以负罪深重,不可复逭,因此迷而不悟，日益冥顽。若蒙特遣大臣前往，晓以利害，宽其已往之愆，予以更新之路，噶尔丹策零审度势力，实不能支，谅必诚心悔过，俯首求和；若仍执迷不悟，如则是伊自速危亡，再议征讨，更觉事易功倍矣。①

雍正帝听从了张廷玉的建议，遣学士阿克敦、侍郎傅鼐、副都统罗密前往准噶尔部议和。张廷玉的一番辩驳，算是为保住岳钟琪争取了一点先机。

雍正十三年（公元1735年），张廷玉领衔的内阁开始反击，准备救出岳钟琪。当然，以张廷玉的风格，他不会当面和鄂尔泰争论，而是采取围魏救赵的办法，发动自己手下的御史弹劾北路军败将傅尔丹。张廷玉一派弹劾傅尔丹的理由并非兵败，因为雍正帝已经亲自给傅尔丹免罪，甚至让他继续协理军务，再弹劾他战败之事就是和皇帝作对。所以张廷玉弹劾的理由是傅尔丹侵吞军饷。不得不说，久在中枢，更了解皇帝的张廷玉技高一筹。这件事恰恰犯了雍正帝的忌讳，他最厌恶的就是臣下贪赃枉法，于是立即派人将傅尔丹抓到京师，准备数罪并罚。不久，刑部将傅尔丹判为斩刑。

鄂尔泰一派还没来得及把岳钟琪的案子审完，张廷玉一派已

---

① 《大清世宗宪皇帝实录》卷145，第2038页。

经把傅尔丹判了死刑。这样一来,等于张廷玉和鄂尔泰双方各自捏住了对方的一个"人质",彼此之间都有了顾忌。傅尔丹是镶黄旗名将费英东的曾孙,镶黄旗一派唯一一个统兵大将,也是八旗军中数一数二的名将,所以必须保住。于是,鄂尔泰和江南士族集体出面为傅尔丹辩解。张廷玉一派则不需为岳钟琪辩护,因为如果傅尔丹都不杀的话,自然也就没有杀岳钟琪的理由。

鄂尔泰这下算是领教了张廷玉的厉害。两人第三次交锋,张廷玉胜了一局。这次鄂尔泰落败的根本原因有二:一来鄂尔泰一派罗织的罪名实在是太过牵强;二来长期稳居中枢、老谋深算的张廷玉对朝局的把握和对雍正帝的了解也远在鄂尔泰之上。

就在两人斗法愈演愈烈的时候,朝中再次出现了重大变故:雍正十三年(公元1735年)八月己丑,雍正帝驾崩了。

第九章 乾隆临朝 张鄂党争

雍正十三年（公元1735年）八月，雍正帝去世，乾隆帝继位。张廷玉从此失去了最赏识自己的皇帝。由于长时间执政中枢，并且多次成为会试主考，张廷玉身边围绕着一大群科举出身的汉族文官。另一边，鄂尔泰身边也围绕着一群凭借军功得位的武将和亲贵。双方在大清朝堂上展开了党争，最终两败俱伤。随着鄂尔泰在乾隆十年（公元1745年）去世，张廷玉的为官生涯也到了必须做出最终抉择的时刻。

第一节 苗疆叛乱 党争不断

雍正十三年（公元1735年）八月己丑，清世宗雍正皇帝爱新觉罗·胤禛驾崩。这位清代历史上，也是中国历史上为数不多的帝王改革家死得非常突然：八月丁亥日，一向身体不错的雍正帝突然感到不适；戊子日，他自己感觉大限将至，宣布传位给皇四子宝亲王弘历；己丑日，他就去世了。

八月戊子日夜，张廷玉刚刚就寝，突闻宣召，急忙赶到圆明园，由内侍引入寝宫，得知雍正帝病危，已入弥留之际。庄亲王允禄、果亲王允礼、鄂尔泰、讷亲、丰升额、海望等先后赶到，候于阶下。己丑日子时，雍正帝驾崩。皇四子弘历即位，是为乾隆帝。乾隆帝旋令内侍传谕："遵皇考遗旨，令庄亲王、果亲王、大学士鄂尔泰、张廷玉辅政。"张廷玉等奏言不敢当辅政之名，请称"总理事务"，乾隆帝恩准。

张廷玉对雍正帝的感情很深，在晚年的笔记中曾多次回忆起这位皇帝，言语之间对雍正帝体恤下臣的评价甚至到了"千古未有"的程度。张廷玉在《澄怀园语》中记录了这样一件轶事：雍正四年（公元1726年），蒋廷锡出任顺天乡试主考，因其老母年事已高，雍正帝特意嘱咐前往乡试考场传旨的张廷玉亲自到蒋家，向蒋母索要一封平安信，连同上谕一起送入考场，这让蒋廷锡感动不已，也让张廷玉印象颇深。雍正帝体恤下属，可能是因为在"九子夺嫡"的过程中，长时间和张廷玉这样的朝中大臣一起处理朝政，彼此之间逐渐有了感情。也正是因为有了这番经历，雍正帝才拥有了康熙帝、乾隆帝都不具备的共情能力。三者相较，康熙帝好面子，经常为了顾全自己的面子拿大臣开刀，让他们为皇帝担责。跟随康熙帝多年的索额图、张廷玉的父亲张英、江宁织造曹寅父子等人，都被他先用后罚，没有好下场。这样的皇帝把大臣当棋子，谈不上什么共情。所以在康熙朝，张廷玉基本都是躲着皇帝，只是埋头处理各类公务，不参与朝廷中枢的斗争，坚持明哲保身。乾隆帝一辈子养尊处优，不但不懂得臣下的苦痛，连他父亲雍正帝改革的艰辛都不能理解，一心想要继承祖父康熙帝的辉煌；为了实现自己"千古一帝""十全武功"的梦想，他更是不把大臣的身家性命放在眼里。所以在张廷玉眼中，他侍奉过的三位皇帝里面只有雍正帝才是真正的明君，更是自己的知己。雍正帝这样评价他和张廷玉的关系："朕即位十一年来，在廷近内大臣，一日不曾相离者，惟卿一人。义固君臣，情同契友。"

雍正八年（公元1730年），雍正帝曾赏银两万两给张廷玉，并称他为"大臣中第一宣力者"，不许他推辞。雍正帝身体不舒服时，凡有密旨，悉交张廷玉承领。雍正帝对张廷玉的赏识可谓到了极致,曾称赞他:"遵旨缮写上谕悉能详达朕意。"当大清对准噶尔用兵时,张廷玉在朝内昼夜值班,随时拟定谕旨,很多时候可以不经过内阁就直接发给前线将领,足见其卓越的才能和雍正帝对他的信赖。雍正帝夸赞他道:"汝之功勋在疆场汗马之上。"

张廷玉之子张若霭应顺天乡试,发榜时张廷玉已经入宫当值,雍正帝见张若霭榜上有名,十分高兴,立刻遣内侍将张若霭中乡试的消息告知张廷玉,张廷玉叩首谢恩。少顷,内侍又捧来松花石砚一方,传旨曰:"此砚赐张若霭,三冬可用心读书,朕望其联捷。"

雍正十一年(公元1733年),张廷玉回安徽桐城老家祭祖,雍正帝特意赐如意给他,并祝他"往来事事如意",同时赠送物品及内府书籍五十余种。康熙年间开始整理汇编的巨著《古今图书集成》,只印六十四部,独赐张廷玉两部。雍正帝还赐张廷玉春联一副:"天恩春浩荡,文治日光华",后来张家年年用这副春联做门联,以谢皇恩浩荡。

鉴于康熙朝的"九子夺嫡"之乱,雍正帝登基之后,改行秘密立储制度,只有张廷玉和鄂尔泰二人知道雍正帝所立皇储为何人。雍正帝说:"汝二人外,再无一人知之。"然后将密诏收藏在圆明园内。雍正帝此举的意图很明显,他知道自己身体状况堪忧,万一自己有不测,张廷玉和鄂尔泰这两位大臣至少可以替他料理好身后事。

正因为如此,张廷玉虽然在雍正朝和鄂尔泰斗得不可开交,实际上双方的争斗还在"讲理"的范畴之内。张、鄂两党的斗争核心是重要官员的任命,是一种合作上的斗争。张廷玉虽然不认同鄂尔泰在云贵地区推行的"改土归流"等一系列政策,但在雍正帝宣布赞同鄂尔泰后,还是尽心尽力地支持鄂尔泰的行动。西北平叛得势之后回京的鄂尔泰虽然构陷岳钟琪,但在张廷玉的斡旋下,也没有真正对岳钟琪下死手,而是同意将他转为收监。张、鄂两党关系得以缓和。

但是雍正帝的突然离世,让以张廷玉为代表的汉族庶族科举集团和以鄂尔泰为代表的江南士族和清朝勋贵联合集团之间的斗争趋于白热化。雍正帝弥留之际,诏谕鄂尔泰、张廷玉及两位亲王,共同辅佐太子主持朝政,还给了二人"身后配享太庙"这一荣耀资格。成为乾隆朝的顾命大臣后,他们身后的利益集团让两人的斗争愈演愈烈。

原本自鄂尔泰在西北逼退准噶尔汗国回京后,他和张廷玉就在朝廷中枢军机处和六部之内展开了争夺。张廷玉长期掌握吏部、户部,鄂尔泰则控制着兵部、工部。剩下的刑部、礼部都倾向于张廷玉,刑部尚书张照出生于江苏娄县,按理说应该和鄂尔泰亲近,但他却和鄂尔泰不和;礼部尚书魏廷珍为官清廉,一度被学者认为是《红楼梦》里林黛玉父亲的现实原型,他也因不满鄂尔泰的行事风格，一度和张廷玉走得很近。

雍正十三年（公元1735年）春，鄂尔泰将工部尚书巴泰提拔为协办大学士，并出巡云贵，监察苗疆，其使命是巡视"改土归流"等事宜。鄂尔泰准备等到巴泰回京，就安排他进入军机处，一同抗衡张廷玉。可惜人算不如天算，就在巴泰出巡期间，原本已经平定的苗疆再度传来叛乱的消息。

五月，张廷玉利用苗疆再反的事情，让手下门生上书，将巴泰革职查办。六月，鄂尔泰反击，利用张廷玉忙于户部清查各省耗羡的机会，推举查克旦出任工部尚书，依然把工部控制在自己势力范围以内。

雍正帝驾崩后，鄂尔泰和张廷玉暂时停止了争斗，集中精力配合礼部尚书魏廷珍办好雍正帝的丧事。

就在两人忙着为雍正帝办丧事的时候，刚刚登基的乾隆帝开始施展手段，培养自己的势力。

乾隆帝和他的祖父康熙帝很像，喜欢在大臣之间玩弄权术，让他们彼此争斗。乾隆帝登基之初，雍正帝给他安排了庄亲王允禄、果亲王允礼、鄂尔泰、张廷玉四位辅政大臣。其中允禄、允礼都是皇族，允禄是正黄旗都统，主要负责八旗集团的相关事宜；允礼接替马齐，主要负责理藩院事务。因此，真正掌握朝政大权还是张廷玉和鄂尔泰。

乾隆帝以成为祖父康熙帝那样的千古一帝为自己的目标，自然要学着康熙帝当年对付鳌拜的办法来对付辅政大臣。他的第一步安排就是在军机处和内阁中安插自己的亲信讷亲和傅恒。

讷亲出身满洲镶黄旗钮祜禄氏,是乾隆帝生母钮祜禄氏的同族,他的先祖是大清帝国开国五大功臣之一额亦都,祖父是康熙朝的辅政大臣遏必隆。讷亲自幼与乾隆帝交好,自雍正十一年(公元1733年)入军机处,就一直被雍正帝刻意培养,希望他可以成为后世之君的得力重臣。

傅恒出身满洲镶黄旗富察氏,是康熙朝重臣米思翰的孙子,他的姐姐是乾隆帝的皇后。当时他的官职并不高,只在张廷玉主管的户部任侍郎,不过因为皇后的关系,可以经常出入皇宫,在朝臣中得到乾隆帝的召见是最多的,自然也就特别风光。傅恒的儿子福康安更是乾隆帝的第一爱将,乾隆帝甚至为他打破清朝惯例,在他死后,追封他只有皇族才能拥有的贝子爵位。

此时,这两个人还没有能力与张廷玉、鄂尔泰相提并论,但随着时间的推移,他们两个即将登上大清帝国政治舞台的中心。

国丧之后,大清帝国朝廷斗争的核心还是苗疆之乱。

雍正时期,哈元生负责统领苗疆的战略全局,他建议朝廷增兵进剿叛军。而张廷玉一贯主张剿杀不能解决问题,应该剿抚并举,并派出刑部尚书张照为苗疆招抚大臣,主持招抚。两种主张全然相反,自然无法兼容。张照到了前线后,处处和哈元生作对,但他也不能完全脱离军事行动。由于他本人不懂军事,只能调湖广提督董芳到自己麾下,负责军事行动。于是,清廷中枢就任命哈元生为主将,董芳为副将,加快速度平定苗疆叛乱。

因为方略不同,直接导致平叛的主将、副将不和。两边原本约定哈元生统领云贵之兵,负责施秉(今贵州东部、沅江支流沅水)上游;董芳统领湖广和广东兵马,负责施秉下游。可是,针对谁先进攻这个问题,两边来往文书争论不断,一连几个月都没有任何行动。

八月,雍正帝驾崩,新登基的乾隆帝决定放弃招抚,一心进剿,遂召回张照,调任鄂尔泰的另一爱将湖广总督张广泗前往苗疆,将叛乱彻底平定。

张照回京之后,鄂尔泰立即指示手下上书弹劾他,把这位昔日的刑部尚书关进了刑部大牢,甚至判了死刑。张廷玉一派自然不会同意,但他也不方便直接向乾隆帝提议赦免张照。于是,他们一面提醒乾隆帝,张照只是招抚大臣,招抚尚未开始,只算无功,并未有过;一面将张照与鄂尔泰不和的情况汇总上报乾隆帝,提醒他不应该完全遂鄂尔泰的意,否则会导致党争愈演愈烈;最后,张廷玉一派以国丧期间宜举行大赦为名,给乾隆帝找好了台阶下。

乾隆帝果然同意赦免张照,并且把他留在中枢,没过几年就继续起用。

鄂尔泰没有想到,因为过早暴露了自己党争的门户之见,给了乾隆帝打压他的理由。张廷玉则从乾隆帝这一系列举动看出乾隆帝简直就是康熙帝的翻版,决定效仿父亲张英急流勇退,逐步退出中枢。

第二节 鄂氏病逝 张氏退避

张照被赦之后,鄂尔泰也感觉到年轻的乾隆帝与其父雍正帝的不同之处。他决定修复和张廷玉的感情,毕竟康熙朝四大辅政大臣彼此争斗,最后全部覆灭的教训还历历在目。

乾隆元年(公元1736年),乾隆帝果然效仿康熙帝,开始剥夺四位辅政大臣的权力。果亲王允礼第一个倒霉,被乾隆帝借故免去亲王双俸禄。这让张廷玉、鄂尔泰都感觉到自己正处在风口浪尖之上。他们是雍正帝生前最信任的大臣,又受雍正帝托付之命,但在乾隆帝看来,他们皆是自己行使皇权的障碍:鄂尔泰虽有"改土归流"之功,但苗民之事一直未平息;张廷玉对他而言更是无尺寸之功。

但此时鄂尔泰、张廷玉秉政,"门下士互相推奉,渐至分朋引类,阴为角斗"却是事实,也形成了鄂、张朋党,满族官员大多依附鄂尔泰,汉族官员则多投靠张廷玉。这种现象比当年明珠、索额图之争更加严重,因为这似乎是满汉官员将彻底成为对立双方的征兆，从清政权最为敏感的地方将朝堂撕裂。虽然在这一年，张廷玉被任命为皇子师傅，兼顾翰林院事，乾隆帝对他也百般尊敬，但他内心依然有些不安。这种不安，逐渐让张廷玉的心理产生了一些变化，一贯稳重的他开始与鄂尔泰针尖对麦芒。鄂尔泰每有过错，张廷玉必出言相讽。一日，鄂尔泰与张廷玉等待议事，鄂尔泰觉得天热难耐，遂摘下帽子讨个凉快，他环顾四周，自言自语道："该把帽子放在哪呢？"张廷玉听到后，讥诮道："帽子还是戴在自己头上最为稳妥。"张廷玉的话，让鄂尔泰惊惧多日。

张廷玉正在负责修撰《明史》，他看到了明代名臣张居正的两个故事，一则是张居正为了迎接老母亲进京，在黄河两岸插柳枝，假意扮成江南模样，哄骗畏惧远行的老母亲；一则是张居正教育自己的孩子，不允许他们和外官通信。想到这位同姓首辅的结局，他决定做出一些改变。他在自己的笔记中感慨："江陵（代指张居正）当震主时，而顾惜名教乃尔。"

鄂尔泰也觉得不能再留恋权位，全身而退才是应当首要考虑的。乾隆二年（公元1737年）十一月，张廷玉、鄂尔泰双双辞去总理事务大臣的职务，宣告辅政结束，还政于乾隆帝。乾隆帝特命二人同进三等伯，赐号张廷玉"勤宣"；加拜鄂尔泰喇布勒哈番，赐号"襄勤"。

总理事务大臣是乾隆帝登基之后专门设置的一个职务，一度取代军机处,掌管一切事务,权力极大。但是随着张廷玉、鄂尔泰的退出,这个职务便不再设置,最高权力机构仍为军机处。

乾隆三年(公元1738年),果亲王允礼去世。乾隆四年(公元1739年),庄亲王允禄被停俸罢都统,从此退出中枢,一蹶不振。

而乾隆帝的近臣讷亲则在几年时间内扶摇直上,被授军机大臣。张廷玉再次捡起康熙年间"万言万当,不如一默"的八字箴言,小心谨慎地处理好吏部、户部的工作,更加注重细节,不给乾隆帝抓住任何处罚自己的把柄。

相比之下,鄂尔泰却没有那么沉得住气,他利用自己的势力,将儿孙纷纷引入中枢。鄂尔泰毕竟在八旗集团和江南士族中势力强大,盘根错节,他本人虽然多次被乾隆帝借故申饬,但总的来说他的仕途还算平稳。

就这样一直到了乾隆十年(公元1745年),鄂尔泰在北京病逝。按照雍正帝遗诏,他得到了"配享太庙,并祀贤良祠,赐祭葬,谥文端"的荣誉。张廷玉见老对手先于自己离去,不免有些兔死狐悲之感,也隐隐有些紧张,自己未来能否得到这样的善待呢?或许先走一步的鄂尔泰才比较幸运。

张廷玉的预感还是很准的。鄂尔泰虽死,但他背后的江南士族势力仍在。乾隆帝对这些人不满已久,之所以没有出手整治他们,就是在等待时机。乾隆十三年(公元1748年),鄂尔泰的亲信部将,也是鄂党核心人物,任川陕总督负责剿灭大小金川的张广泗,被乾隆帝下旨逮捕入京。

大小金川是割据在四川西部毗邻西藏的土司武装。乾隆十一年(公元1746年),大金川土司莎罗奔为乱,张广泗被调任川陕总督。乾隆帝原本认为张广泗可以平定苗疆,自然也能解决大小金川,可是这次清军打得极为艰苦。原因是当地地形环境复杂,土司割据日久,境内砖石制的碉楼密布。清军面对坚壁清野的金川军,只能强攻这些碉楼,结果伤亡惨重,加上后勤补给困难,张广泗在云贵丛林间围攻木制、竹制营寨的作战经验用不上,难以取胜。

而张广泗在统筹金川用兵事宜时,也犯了一系列的错误。他抱着急功近利的心态,只想速战速决,好向皇帝请功,但一遇到挫折,便迟迟观望,不敢进取。加上他心胸狭窄,又十分多疑,误用奸细王秋、良尔吉,暴露清军进攻机密,致使清军进攻受阻。

本来打仗必须实事求是,张廷玉虽然不太喜欢原属鄂尔泰一党的张广泗,但此时鄂尔泰已死,出于大局考虑,他还是力主再给张广泗一些时间,不要急于求成。

乾隆帝原本已经答应,并且留下张廷玉主管京城事宜,自己带着皇后和其他后宫嫔妃下江南去了。结果三月份,就在乾隆帝南下的过程中,皇后富察氏病逝。本来这位皇后在几年中连续遭受皇子夭折的打击,身体和精神状态一直都不好,此番随驾南下,大家都认为是夫妻二人最后的旅行，对皇后的去世并不感到意外。

可所有人都低估了乾隆帝对她的感情。皇后去世后，乾隆帝十分悲痛，下令直接回京，亲自为皇后服丧十二日，甚至在几十年后，八十高龄的乾隆帝还对着皇后使用过的物件倾诉衷肠，期盼着二人在阴间重逢之日。

倒霉的张广泗偏偏选了这样一个时间上书乾隆帝，结果引得乾隆帝暴怒，派讷亲亲自前往经略。

讷亲虽然久在中枢，却根本不懂军事，但是他对乾隆帝极为忠诚，眼见皇帝心情极差，遂奉旨前往大小金川平叛。他没有想到这一举动竟然直接把自己送入了死地。

张廷玉本来还想劝谏一下，但转念一想，讷亲和乾隆帝关系亲密，自己一旦发言，必然会犯"疏不间亲"的忌讳，反倒让一心想要立功的讷亲对他有意见。讷亲还年轻，而自己已经年近七旬，后辈还要拜托讷亲，自然不好随便得罪，于是张廷玉再次谨守"万言万当，不如一默"的八字箴言，没有多说一句话。

张廷玉已经完全摸清楚了乾隆帝的脾性，他知道这种情况下难以劝说乾隆帝改变，但是军国大事，他作为三朝老臣，必须拿出个方案。既然皇帝决心要胜，那就干脆杀鸡用牛刀，确保战事必胜。于是，朝廷起用了两位雍正朝征讨准噶尔汗国的名将：岳钟琪和傅尔丹，前往大小金川前线，具体帮办军务。

此番用人，不再有张廷玉和鄂尔泰党争的痕迹，取得一场胜利、缓解朝堂上的气氛、实现朝廷当前的"一团和气"才是当务之急。军机处的所有人都认为如此处置极为稳妥,一来可以在皇帝面前表现张、鄂两派的合作,二来前线也好有一个交代。

乾隆十三年(公元1748年)六月,岳钟琪和傅尔丹到达大小金川两月有余后,讷亲抵达大小金川前线,张广泗戴罪军前效力。讷亲没打过仗,他拿着军机处那一套办法,限期三天,让清军攻克大小金川土司的核心碉堡噶拉依。这座堡垒由大金川首领莎罗奔亲自据守,兵力强大,四周都是高山,处于盆地中央的高台上,地势很高,而盆地四周的通道很狭窄,使清军的兵力优势难以发挥,加上正值雨季,清军一直依仗的红衣大炮无法投入使用,只能正面硬拼。讷亲拿出"重赏之下必有勇夫"的办法,给出高额悬赏,清军勇将总兵任举率军沿着山势而下,冲入噶拉依所在的山谷,结果被居高临下的金川守军杀伤大量清军,任举本人也死在阵中。

讷亲在张广泗的陪同下,在高地目睹了清军的攻势,这才明白强攻根本行不通,只有张广泗提出的碉堡对耗战略才是唯一的办法。于是,讷亲只得再次捡起张广泗的办法,上书乾隆帝,要求采取持久作战的新方略。而傅尔丹、岳钟琪在张、讷二人的打压下,竟"未发一谋、未出一策"。

乾隆帝得知前线清军一位总兵级高级将领战死的消息,大为震怒,亲自手书诏谕给讷亲,明令他"因时度势,以为进止",

意思就是让讷亲想办法继续攻击，尽快平定。

乾隆帝显然是被悲伤和愤怒冲昏了头脑，胡乱下令。讷亲见皇帝还是不了解情况，也万分焦急。他和张广泗联名上书，试图向乾隆帝说清楚情况："天时地利皆贼得其长，我兵无机可乘。冬春间当减兵驻守，明岁加调精锐三万，于四月进剿，足以成功，至迟亦不逾秋令。"

当时清军在大小金川前线的兵力有四万人，基本都是四川、陕西的绿营兵，而对手莎罗奔土司的兵力，明面上只有三千多人，至多不过八千。不过由于地理优势全都掌握在大小金川土司一方，清军兵力虽多，却难以施展。

张廷玉接到讷亲和张广泗的联名奏折，也觉得两人说得有理。此时前线的二人已经放下门户之见，实事求是地希望打赢这一仗。于是他安排军机处大臣们讨论，军机处所有人都支持前线两位钦差大臣的说法，同意持久稳进的战略。可是乾隆帝刚愎自用，根本不同意军机处的说法。他在盛怒之下，再次下诏指责讷亲、张广泗，手握四万大军，却不能打败不足一万人的对手，简直是无能至极！之后，乾隆帝下令将讷亲、张广泗全都撤职，回京待罪。张廷玉觉得乾隆帝这番发作毫无道理，一来大小金川本来就不是大清帝国的主要对手，不值得耗费过多军力；二来战争必须实事求是，本来两位统帅就是在认真汇报战况，积极提出更为合适的方法，减少无谓的牺牲，结果说真话反而被处罚。但已经昏了头的乾隆帝根本不管实际情况如何，他只想要一个理想的结果。他认为讷亲作为自己最宠信的大臣，竟然如此无能，是折损自己的脸面。于是，他一面让傅恒接替讷亲前往前线，一面要求军机处拿出具体办法。

傅恒是刚刚故去的乾隆帝皇后富察氏的弟弟，虽然是皇亲国戚，但是他和讷亲不一样，毕竟在张廷玉手下的户部任职多年，他对这位三朝老臣发自内心地尊重。领命之后，他来到军机处，跟张廷玉和其他军机大臣一起商讨平叛事宜。

张廷玉在傅恒临出发之前，还专门跟他聊了一番具体解决大小金川事务的办法——改剿为抚。因为大清帝国的总兵力不过二十多万，现在五分之一都陷在小小的金川一带，根本没有必要。皇帝只是碍于面子上过不去，可以让老将岳钟琪出面招抚大小金川头领莎罗奔。莎罗奔早年曾在岳钟琪麾下效力，两人交情很深。年轻的傅恒对张廷玉的见解深以为然，决定让岳钟琪主持平叛，而自己则全力配合。

岳钟琪早前虽到阵前效力，却没有任何决策权。乾隆帝曾下旨责问岳钟琪、傅尔丹到军非一日，为何不出一谋，大军依然按兵不动？岳钟琪见皇上谴责，便将大小金川战事的详情及内部原因密奏，乾隆帝这才知道大小金川久战无功，皆因张广泗调度无方、泄露军机、武断专制所致；而讷亲色厉内荏，也是无能之辈。于是下诏由岳钟琪配合傅恒接管大小金川军事；罢去张广泗军权官职,逮京候审;罢去讷亲经略监军之职,召至京城候议。

岳钟琪是经历过大场面的名将,自然比只剿过匪的张广泗要强得多。他同意张廷玉改剿为抚的主张,但他了解莎罗奔并不是一个容易对付的对手,在抚之前,必须先把他打疼。岳钟琪没有直接攻打噶拉依,而是将盆地四周的山梁全部夺下,让对手的核心阵地完全暴露在自己的包围之下。傅恒见状大喜过望,一面把岳钟琪的战果如实上报,为老将军请功;一面试探性地提出改剿为抚的方针,乾隆帝答应了。不久,岳钟琪亲赴莎罗奔寨中,劝降成功。张廷玉配合傅恒立即操办此事,给足了乾隆帝面子,第一次大小金川之战就此结束。

谁也想不到,原本没有什么大罪过的讷亲和张广泗却被乾隆帝给杀了。

第三节 明史总裁 安心修书

讷亲在前线打了一个小败仗,本来罪不至死,可是刻薄寡恩的乾隆帝却认为讷亲深深地伤害了自己。

乾隆十三年(公元1748年)九月,傅恒一到大小金川前线,就派人把讷亲"押送"回京。讷亲回到北京城之后,根本见不到乾隆帝,只能在押解地不断上书为自己申辩。这时候,讷亲还认为自己犯的错误不算大，皇帝只是一时在气头上，终究会原谅自己，即使对自己有处罚，他应该还可以继续留在中枢，等待时机继续入主中枢秉政。

张廷玉的想法也和讷亲差不多，认为这位乾隆朝第一重臣必然会东山再起，于是将讷亲所有的申辩全部转呈乾隆帝，不敢稍有懈怠。可是，乾隆帝毫不松口，先是指责："讷亲受命总戎，乖张畏缩。"又提出，"讷亲受恩久，何事不可言？如固不能克，当实陈请罢兵。"最后给讷亲定性为"孤恩藐法，罪不可逭"。

乾隆帝先把张广泗交刑部议罪。刑部不敢擅自处理，便推给军机处。此时鄂尔泰已死，讷亲的事情又让张廷玉摸不准乾隆帝的真实意图，加上张广泗为人孤傲，于是张廷玉让刑部给他定了一个"斩监候"的处分，准备让乾隆帝来扮演好人，对其加恩特赦。结果，乾隆帝拿到军机处的处理办法后，非但没有开恩减刑，反而直接把"斩监候"改为"斩立决"，张广泗先死在了乾隆帝手上。

张广泗死后，讷亲也没有逃掉。乾隆帝特意把讷亲祖父遏必隆的刀赐给讷亲，还专门让鄂尔泰之子鄂实把他押到大小金川"诛以警众"。他们走到半路时，遇见了已经平定大小金川班师回朝的傅恒，原本傅恒想要借着胜利的由头，为这位同僚请旨特赦，结果鄂实只认死理，不肯同意，还是按照乾隆帝的要求把讷亲给杀了。

经历过康熙朝血雨腥风的张廷玉，又一次面对一个寡恩之君，他再次感到心灰意冷，意识到不能再恋栈于朝堂了。

在此之前，张廷玉已经完成了自己一生中最重要的著作《明史》的编纂工作。清代官修《明史》始于顺治二年（公元1645年），成立明史馆，由大学士冯铨、李建泰、范文程、刚林、祁充格为总裁官，具体操办此事，负责《明史》修撰工作。其中起主要作用的是冯铨和范文程。最初的编纂工作基本依据《明实录》和《明代皇帝起居注》为蓝本进行编纂，至顺治中期基本完成第一稿。

不过，冯铨以阉党出身操持《明史》编纂，其中涉及万历、天启年间党争的记录，引起了东林党的不满。特别是东林党领袖钱谦益投降大清帝国后，也进入了明史馆，这就进一步加剧了两人的明争暗斗，导致编纂工作进展缓慢。范文程年事已高，加上兼职过多，无暇顾及此事，加上清朝国力尚弱，皇帝本身对此不太重视，修书经费也有限，故而没有什么进展，顺治朝《明史》编纂工作最终停止。

康熙四年（公元1665年），明史馆重开，后来又被关停，直到康熙十八年（公元1679年）再度重开，由徐元文任监修。徐元文的能力不错，但他的兄弟徐乾学卷入夺嫡之争，导致他于康熙二十九年（公元1690年）被撤职，后又惊惧而死。

在此之后，王鸿绪长时间负责《明史》编纂工作，但他醉心于夺嫡斗争，根本不能静心修史。多亏在他手下的万斯同尽心竭力，才完成了《明史》的初稿。万斯同在《明史》编纂过程中起到了很大作用，他以明朝遗民自居，不仕清、不受俸，以布衣身份参与修史，在他的努力下，《明史》初稿基本定型，本来再经过一番修饰整理，即可成书。可惜万斯同在康熙四十一年（公元1702年）因病去世，王鸿绪又出于私心，对万斯同的成稿随意删改，导致《明史》缺漏不少，一时之间难以成书。

雍正元年（公元1723年），张廷玉接替病逝的王鸿绪，继续《明史》的编纂工作。结果雍正帝对文字特别敏感，张廷玉又特别谨慎，加上工作繁多，至雍正十三年（公元1735年）才完成编纂。乾隆四年（公元1739年）正式校定刊刻，由张廷玉领衔表进朝廷。

如果从顺治二年（公元1645年）算起，至此已九十四年（1645—1739年）。即使从康熙十八年（公元1679年）始修算起，至此也已六十年（1679—1739年）。张廷玉充分发挥自身才华，在万斯同的稿本基础上修出的《明史》，被著名历史学家赵翼在《廿二史札记》中评为仅次于《史记》《汉书》《三国志》的"良史"，为我国古代历史典籍作出了巨大贡献，也为研究明代历史提供了翔实可靠的史料。该书著录简洁干练，避免了繁冗拖沓，便于后人查找学习，这也是张廷玉一贯的做事风格。

张廷玉自己也对《明史》的编写十分满意，在乾隆四年（公元1739年）七月二十五日的《上明史表》中宣称：

> 无怠无荒而熙庶绩，化阜虞弦；克宽克仁而信兆民，时存殷鉴。则冠百王而首出，因革可征百世之常；迈千祀以前驱，政教远追千古而上矣。谨将纂成本纪二十四卷，志七十五卷，表十三卷，列传二百二十卷，目录四卷，共三百三十六卷，刊刻告成，装成一十二函，谨奉表随进以闻。

除了向皇帝表明工作已经完成，张廷玉还盛赞乾隆帝似明镜、似星辰，并勉励他考察前人得失，再创宏伟大业。这部《明史》确实是张廷玉一生中最得意的手笔。书中对明成祖朱棣的评论堪称神来之笔，对于明朝主持辽东战事的督师孙承宗单独列传加以彰扬，也是难得的"秉笔直书"。张廷玉总结明朝灭亡的根本原因是"党争"，这是张廷玉对自己和所有当朝官员的一种警示，也是对明朝灭亡的精准概括。

作为主编的张廷玉对明代内阁"党争"的过程烂熟于胸，自然也清楚自己的处境。在向乾隆帝呈上《明史》后，他就准备隐退了。可乾隆帝并未答应，他既担心张廷玉离开后，朝中势力会再度失衡，又怕自己会被后人扣上一个刻薄寡恩的帽子，于是一面下诏拒绝张廷玉的辞职，一面给予张廷玉可以不参加早朝的特权："廷玉年已过七十，不必向早入朝，炎暑风雪无强入。"张廷玉心里清楚，这是乾隆帝逐步架空自己的办法，可是他也乐得借此逐步退居幕后，便高高兴兴地接诏照办。

随着时间的推移，已经七十多岁的张廷玉开始更多地关注自己身后的名声，不太愿意再管朝廷任何事务。

在家中，张廷玉时不时把雍正帝的遗诏拿出来仔细端详："廷玉器量纯全，抒诚供职，命他日配享太庙。"他一面思念着雍正帝，一面考虑着身后事。谁也想不到，这本来已经是定论的事情，最后竟让一生谨慎的张廷玉遭受了此生最大的打击。

第十章 风骨之辩 太庙之争

在乾隆帝无情地处决了讷亲后，张廷玉更加坚定了退隐的想法。此时他唯一的期盼就是乾隆帝能够按照雍正帝的遗诏，允许他配享太庙。可是，不管他多谨慎，仍数犯乾隆帝之忌，一度被革除配享太庙资格，最终惊惧而薨。张廷玉死后，乾隆帝念其为朝廷效力多年，还是尊重父亲遗命，给了他配享太庙的资格，让他能够长伴在雍正帝身边。

第一节　屡遭弹劾　无心朝政

早在乾隆四年（公元1739年）给乾隆帝进呈《上明史表》后，张廷玉就准备退休了。他和鄂尔泰两人眼见乾隆帝重用讷亲、傅恒，开始逐步退出中枢。张廷玉把户部的实际管理权放给了户部侍郎的傅恒，鄂尔泰也把兵部的管理权放给了讷亲。但鄂尔泰一党还有想法。乾隆帝自然知道张、鄂两人的情况。乾隆五年（公元1740年），他曾警告大臣们："鄂尔泰、张廷玉乃皇考与朕久用之好大臣，众人当成全之，使之完名全节，永受国恩，岂不甚善？若必欲依附逢迎，日积月累，实所以陷害之也。"

相对来说，乾隆帝在张、鄂两人中更看重张廷玉，当时张廷玉可谓背负天下汉人之望，汉人皆以为"张阁老在，天下无事"。但有才能的人何止一个张廷玉呢？乾隆帝对张廷玉的看法，可以说是尊重，也可以说是他认为张廷玉对皇权的威胁更小。因为鄂尔泰的班底中有很大一部分人跟讷亲的班底是有交集的，乾隆帝实际在用这两拨人完成满洲八旗中镶黄旗集团的内部权力交替，所以在他登基之初，最需要解决的是鄂尔泰。鄂尔泰出身镶蓝旗，本来就不如出身镶黄旗的讷亲身份高贵，和乾隆帝的关系也不如讷亲，所以他很快知难而退，将满八旗一派势力领头人的位置让给了年轻的讷亲。

当时鄂尔泰一党中还有江南东林士族一派的汉族官僚，他们和讷亲有矛盾，这些人的领军人物此时变成了刘统勋。刘统勋是山东诸城人，雍正二年（公元1724年）中进士后，长时间在浙江为官，逐渐和鄂尔泰一党及江南东林士族走得很近。乾隆六年（公元1741年），刘统勋被调回北京，升任刑部侍郎。不受制于张、鄂二党的刘统勋，很快被乾隆帝认为是可以凌驾于两党之上的人物，于是将他调任都察院左都御史。

刘统勋"不负众望"，上任后立即上书乾隆帝，同时弹劾讷亲与张廷玉。当时在军机处主持朝廷政务的只有鄂尔泰、讷亲、张廷玉三个人，刘统勋只弹劾两个，他就算不是鄂尔泰一党，也会被所有人看作是鄂尔泰一党。刘统勋弹劾张廷玉的理由是："大学士张廷玉历事三朝，遭逢极盛，然晚节当慎，责备恒多。"这话翻译过来就是张廷玉历事三朝，并没有出现什么问题，但是他任职时间太长了，需要注意自己的晚节，否则于三代帝王的名声都会有影响。具体到事情就是张氏家族与姚氏家族等出自桐城一带的科举庶族集团长期联姻。刘统勋称，现在外面传闻"张姚两姓，占却半部缙绅"，张廷玉的家族在朝廷中枢任职的人员太多，此时张廷玉的弟弟张廷璐、儿子张若霭都在这个范畴之内。最后，刘统勋还拿出了具体处理意见，要求乾隆帝三年之内不要再给张氏家族或出身桐城一带的科举庶族人员授予官职。

这就不是简单地针对张廷玉一个人的弹劾,而是针对张廷玉背后整个桐城派的科举庶族集团,要让这个集团的人在三年内不能获得提升,这就可以为鄂尔泰一派挪出不少职位和空缺。

面对咄咄逼人的刘统勋,张廷玉还未出手,乾隆帝就直接把他的弹劾给驳了回去。乾隆帝首先为张廷玉和讷亲做了解释:"朕思张廷玉、讷亲若果擅作威福,刘统勋必不敢为此奏。今既有此奏,则二臣并无声势能钳制僚寀可知,此国家之祥也。"这是为张廷玉、讷亲二人辩护,意思是说这两人没有"擅作威福"的大罪,反而能够广开言路,这种行为是"国家之祥"。乾隆帝这么说,无非是给张廷玉、讷亲留面子,但他最终还是同意了刘统勋的建议,并命人把刘统勋的奏折宣读给大臣们听,让他们重新思考该不该再深陷朋党之中,并告诉张廷玉:"今一经察议,人知谨饬,转于廷玉有益。"意思是无论真假,张廷玉都应当引以为戒,对他的官声、名望有益。乾隆帝的这一做法,让张廷玉只能老老实实接受了训斥。之后,张廷玉主动要求不再管理吏部,但被乾隆帝拒绝,一方面是因为乾隆帝不想因此显得自己薄情,而且想要彻底推倒张、鄂两党,必须把他们放在"树大招风"的位置上,这样才能找到他们更多的把柄、口实。这也是乾隆帝整治张、鄂两党的开端。而且此时乾隆帝信任的讷亲等人资历还太浅,不善于处理政务,无人可以接替张廷玉的职务,况且三朝老臣张廷玉的存在也可以稳住朝廷，同时帮忙培养好下一代的主政大臣。经过张廷玉一段时间的培养，在讷亲、傅恒等人可以完全接替张廷玉后，乾隆帝就对张廷玉及其势力开始了毫无情面的清洗。而刘统勋也自此开始官运亨通。

刘统勋的这次弹劾很可能和鄂尔泰并无关系，因为此时鄂尔泰已经重病缠身，无心争斗。但是处在他的位置，也不能完全按照自己的喜好来行事，鄂尔泰之子鄂容安眼看父亲的地位逐渐被讷亲取代，而张廷玉的位子则越发安稳，心生不满。他想让刘统勋这样对鄂尔泰一党有用的人物进入中枢，也方便自己将来继承父亲的地位。

于是，又一轮新的斗争开始了。

这次出手弹劾张廷玉的人是御史仲永檀，此人是乾隆元年（公元1736年）进士，资历尚浅，在陕甘任职时被提拔起来。他弹劾张廷玉的罪名，一是与步兵统领衙门都统鄂善结交，为鄂善向民间索贿大开方便之门；二是将军机处的机密事宜泄露出去。

这两项罪名可比刘统勋的弹劾严重多了。

第一个罪名是中枢要臣与禁军统领结交。清代步兵统领衙门是保卫皇帝的最重要的官职，这个位子上的人与任何大臣结交都要万分谨慎，康熙朝托合齐、雍正朝隆科多都是在这个位子上被罢免，最后身死族灭。

第二个罪名是泄密,这也是一个重罪。雍正帝设立军机处后,几次扩大了军机处的权力,使其凌驾于议政王大臣会议、内阁之上,成为最主要的政治核心机构。军机处的机密外泄,绝对是非常严重的事情。

可是以乾隆帝对张廷玉的了解,他认为这些事是不可能的,因为张廷玉一辈子都非常谨慎,这一点朝中所有人都知道。于是,乾隆帝下令要怡亲王允祥与和亲王弘昼亲自领衔核查。

结果发现第一件事是捕风捉影,第二件事是查无实据。第一件事的前因后果是这样的:北京城里有一位叫俞君弼的富户,死后无子,他的亲戚许秉义准备争夺家产。于是找自己的亲戚、内阁学士许王猷帮忙想办法。许王猷出了个馊主意,让他花费重金邀请朝廷重臣前来吊唁,为未来的家产争夺战壮大声势。许秉义依计而行,许王猷亲自去找张廷玉帮忙。张廷玉不胜其烦,最后不得已派人送去一个帖子,算是给了许王猷一个面子。除了张廷玉以外,还有几个朝廷大员也参与了此事。本来这种事情发展到这一步,就是文官之间相互给面子,不会有太大问题。

谁知许秉义又花费重金把时任步兵统领衙门都统的鄂善给请了过来。他的想法很简单,京城里鄂善是首屈一指的执掌军队的官员,张廷玉则是执掌内阁的顶级文官。他不知道鄂善和张廷玉一同出现带来的问题会有多么严重,结果这件事就被仲永檀抓住了把柄，一本奏了上去。

幸亏张廷玉没有收钱，本人也没有去，最后没有受影响。倒霉的是鄂善。乾隆帝亲自审讯后，鄂善不得已承认自己收了一千两白银的好处。乾隆帝愤怒不已，下令将其赐死。此事之后，张廷玉闭门谢客，不再与朝中任何官员交往。反思之后，他认为自己已经精力不济，不能继续在朝廷中枢干下去了。否则再出一些类似的失误，他很有可能获得重罪，晚节不保，让家族也陷入万劫不复的境地。

第二个罪名泄密，却没有任何人承认，仲永檀也拿不出任何实质性的证据，只能说自己是风闻言事。不过因为第一项罪名坐实，仲永檀还是得到了乾隆帝的信任，将他提拔为佥都御史。

张廷玉本来以为鄂尔泰不再和自己争斗，他的仕途会顺利许多，可是其他人几次三番的弹劾让他感到处境的危险。他抓住仲永檀的问题，决心开始反击。仲永檀在中枢屡屡"无事生非"也犯了众怒，不久便被派往贵州。本来他可以去鄂尔泰一党的大本营继续积累资历，不料被时任河南巡抚的雅尔图弹劾擅自从贵州返京，被罚了一年俸禄。张廷玉的反击还没有结束。不久之后的乾隆七年（公元1742年），奉命前往江南赈灾的仲永檀还未出行，就把这件事写信报告给鄂尔泰之子鄂容安，结果信被张廷玉一派的人拿到，他们立即以此为据，上奏乾隆帝。

有了真凭实据，乾隆帝也对仲永檀的所作所为十分愤怒，立即把他下狱问罪，不久仲永檀就死在了牢里。鄂尔泰之子鄂容安受到牵连，差点被流放；鄂尔泰本人也几乎被议罪。乾隆帝不愿意彻底把鄂尔泰一党清除出朝廷，导致好不容易控制住的朝局再次失衡，于是下旨不再追责，这才让鄂尔泰逃过一劫。不过鄂党在此后不久也就灰飞烟灭了。

经过仲永檀这件事情之后，直到乾隆十年（公元1745年）鄂尔泰去世，他在乾隆帝心目中的形象都不太好。以至于他去世十年之后，他的门生胡中藻和从子鄂昌因为结党被下狱后，他也被移出贤良祠，丧失了陪葬的资格。

鄂尔泰倒下了，张廷玉却也没有胜利。乾隆帝提拔出身满洲镶黄旗、开国功臣遏必隆的孙子一等公讷亲，接替鄂尔泰为领班军机大臣，他的资历比张廷玉浅很多。雍正年间鄂尔泰后来居上成为领班军机大臣，现在讷亲又重演了当年的一幕，张廷玉心中的滋味可想而知。当他感到朝中形势岌岌可危，想把自己的爵位给儿子张若霭承袭时，也被乾隆帝以"我朝文臣无封公、侯、伯之例。大学士张廷玉伯爵，系格外加恩"给拒绝了。乾隆初年，朝廷曾赐予张廷玉伯爵位，原准其子张若霭承袭。乾隆七年（公元1742年）十二月，乾隆帝竟然收回成命，不许张若霭承袭，只允许张廷玉"带于本身"。但更让张廷玉绝望的是，他的长子张若霭在乾隆十一年（公元1746年）竟然先他一步离世，这让他万念俱灰、悲痛不已。

第二节 爱子离世 乞休心切

张若霭,字晴岚,生于康熙五十二年(公元1713年)。雍正十一年(公元1733年),他参加科举考试,被雍正帝亲自点为一甲第三名探花,拆卷后才知道是张廷玉的儿子,这是张家参加科举考试取得的最佳成绩。张廷玉为了避嫌,向雍正帝请求把儿子降为二甲。张若霭也惟父命是从。雍正帝见他们父子二人如此谨慎,十分满意,就按照张廷玉的意见,把张若霭定为二甲第一名,并语重心长地对他说:"汝能学汝父一半,便一生受用无穷。"

年轻的张若霭虽然让出了探花,却得到了雍正帝和当时还是宝亲王的弘历的赏识,入直南书房,充任军机章京。乾隆帝继位后,直接把张若霭升任内阁学士,在自己和张廷玉身边伺候。

众所周知,乾隆帝喜欢玩赏各类古玩字画,张若霭恰好精通此道,他与乾隆帝两人年龄相仿,又有共同爱好,自然关系很好。乾隆帝出巡时也喜欢把张若霭带在身边。没想到在乾隆十一年(公元1746年)的一次出巡过程中,张若霭突然染病身亡。白发人送黑发人,让已经七十多岁的张廷玉悲伤不已。乾隆帝也痛感失去了一个很好的臣子、朋友,于是让张廷玉的次子张若澄入直南书房，继承兄长的位子，同时方便他在朝中照顾张廷玉。

但张廷玉对朝廷已经不再有丝毫留恋，讷亲已成为领班军机大臣，自己又何必在这里当皇帝的眼中钉呢？他只想尽快离开这个是非之地，于是多次上书乾隆帝请求退休。

在张廷玉多次乞休后，乾隆十三年（公元1748年）正月发生了一次君臣之辩，并以谕旨公之于众。当时张廷玉自称"年力衰迈，实难供职"，乾隆帝为此专门召张廷玉前来御前讨论此事。

两人一见面，乾隆帝就开门见山地问张廷玉："卿受两朝厚恩，且奉皇考遗命配享太庙，岂有从祀元臣归田终老？"这句话实际上是对张廷玉的抬举，"从祀元臣"这个评价肯定了张廷玉的地位，也点出了张廷玉不能辞职的原因：皇家待你如此恩厚，你岂能倚老卖老，置政务于不顾，只想告老归乡呢？而且乾隆帝使出了撒手锏，也是张廷玉最在意的事情——配享太庙。这句话带着些威胁的意味，可以理解为如果张廷玉坚持要辞职的话，他就不是"从祀元臣"，还能不能配享太庙就要打一个大大的问号。

张廷玉是修史的历史学家，很清楚历代掌故，血淋淋的前车之鉴让他对退隐之事十分坚定。他假装没有听懂乾隆帝的弦外之音，回应道："宋、明配享诸臣亦有乞休得请者。且七十悬车，古今通义。"张廷玉的回答体现了他的文化内涵和说话艺术。"七十悬车"这个典故出自骆宾王的《对策文三道》："四十强仕，七十悬车，著在格言，存诸甲令。"意思是人到了七十岁就要把乘坐的车子挂起来，不再使用，意味着回乡养老，不再出仕。

张廷玉此时已经七十多岁，于情于理，都可以回乡养老了。

但乾隆帝不同意张廷玉的说法，他拿出了新的理由："不然。《易》称见几而作，非所论於国家关休戚、视君臣为一体者。使七十必令悬车，何以尚有八十杖朝之典？武侯鞠躬尽瘁，又何为耶？"这句话还是在抬举张廷玉，一边将他定位为和皇帝君臣一体的重臣，一边把他比喻成中国士大夫的千古楷模诸葛亮。针对"七十悬车"的典故，乾隆帝也拿出了"八十杖朝"的典故，这个词出自《礼记·王制》。"八十杖于朝"，意思是说那些披肝沥胆的大臣八十岁依然可以挂杖出入朝廷，张廷玉身体尚可，怎能轻言退隐？《礼记》自然更有权威性，张廷玉的反驳无效。

但张廷玉没有轻易屈服，他顺着乾隆帝的话，就诸葛亮的话题接着说下去："亮受任军旅，臣幸得优游太平，未可同日而语。"张廷玉看似是在捧乾隆帝，说他是太平天子，实际上是在说乾隆帝用典不当。诸葛亮死时才五十四岁，张廷玉已经七十多岁了，不是不想继续效力，实在是力不从心，身体条件不允许了。张廷玉还有个潜台词，就是自己并不是诸葛亮那样的权臣，只是个负责帮朝廷起草文书的宰相，并不是不能被人取代的。更何况此时朝中刘统勋、傅恒等人明明比自己更得宠，何必非要把他这个风烛残年的老人放在中枢继续熬日子呢？

乾隆帝应该是没有听懂张廷玉的潜台词，他继续教育张廷玉应该坚持工作，不能辞职："是又不然。皋、夔、龙、比易地皆然。既以身任天下之重，则不以艰巨自诿，亦岂得以承平自逸？朕为卿思之，不独受皇祖、皇考优渥之恩，不可言去；即以朕十余年眷待，亦不当言去。朕且不忍令卿去，卿顾能辞朕去耶？"

乾隆帝胡乱用典，又让张廷玉有些糊涂。他理解皋指皋陶，被后世尊为"中国司法始祖"；夔是上古乐官；龙是夏朝的龙逄；比是商朝的比干。这四个人里面，前两个的事迹已经不可考证，后两个都是被杀的忠臣。乾隆帝用这四个人的典故是动了杀心，还是自比昏君，一时之间张廷玉有些弄不太明白。

乾隆帝这番话有些胡搅蛮缠，搬出康熙帝和雍正帝来为自己说项，声称张廷玉受到这两位皇帝的皇恩，不应该提出辞职；然后又声称自己在这十多年里一直对张廷玉不错，也不能让他离开自己。

康熙帝当年还让张廷玉的父亲张英退休回家，怎么张廷玉就不能退休呢？张廷玉此时坚持退休，除了想要离开充满纷争的朝堂，最直接的原因是清代军机大臣的工作实在是太累了，每天早上五点就要去军机处当值，还经常要通宵达旦地编写各地奏折节略。乾隆帝虽然同意张廷玉不用天天按时参加早朝，可是张廷玉哪里敢不去。而且乾隆帝确实是个寡恩薄义的皇帝，他对有功的大臣们的处置非常随性。张廷玉想退休,就是担心自己年纪太大,一旦犯点错误,可能就会被乾隆帝抓住机会大做文章。

结果怕什么来什么,乾隆帝接下来给张廷玉下了最后通牒:"朕谓致仕之义,必古人遭逢不偶,不得已之苦衷。为人臣者,设预存此心,必将漠视一切,泛泛如秦、越,年至则奉身以退,谁复出力为国家治事?是不可以不辨。"

这番话就是诛心之论,是对张廷玉辞职的赤裸裸的威胁。在乾隆帝看来,张廷玉只要有退休的想法,就是"漠视一切",是不愿意为国家出力。潜台词就是,既然你不愿意为国家出力,那么国家还应该给你配享太庙的荣誉吗?

张廷玉的地位被乾隆帝拔得过高,导致他的去留已经成为关乎君臣恩义、官员道德标杆的国之大事,个人已无申述可能。于是,张廷玉自责"识见短浅,徒知引分退休之一端而径遂陈情,竟昧服勤致身之大义",不敢复以退休请,于是一边叩谢天恩,一边退了下去。不过乾隆帝并没有因此放过张廷玉,反而借此机会撤掉了他兼管吏部的差事,看架势这是既不想让他继续任职,也不愿意轻易放他走。他还给张廷玉赐诗一首,诗中有"职曰天职位天位,君臣同是任劳人"一句,意在告诫张廷玉不可倚老卖老,要忠心事君。

那乾隆帝这样做图什么呢?主要还是为了"面子"。康熙帝已经够要面子，乾隆帝比他更要面子。他们根本不关心臣下的需求，只关心自己的皇帝之威。张廷玉是雍正帝留给乾隆帝的辅政大臣，乾隆帝留下他，一来是表明自己是个听父亲遗命的孝子，二来是个重视辅臣的明君。如果让张廷玉辞职，那么势必会有人议论乾隆帝不孝或者不明，作为日后乐得自诩"十全老人"的乾隆帝自然不愿意承担这样的"名声"。

可张廷玉不再乞休后，乾隆帝依旧不依不饶。张廷玉将奉旨编纂的《皇清文颖》进呈皇帝后，乾隆帝指出诸多低级错误，撤去其总裁官之职，交部议处，并"销去纪录一次"。

人非圣贤，孰能无过，张廷玉虽然一生谨慎细致，但也免不了会犯错。在雍正朝时，张廷玉曾因户部题销错误，例应罚俸。当有司将折子递到雍正帝那里，雍正帝却十分不屑："大学士张廷玉日在内廷，所办事件甚多，此等部内细事，何暇料理？不必罚俸。"当时张廷玉具折谢恩，雍正帝批道："此情理之所应然者，何谢之有？复何愧悚之有？"可以看到，皇帝面对此类事情，虽然有制度存在，但依然有大事化小、小事化无的权力，而此时乾隆帝不仅要从大面上打击张廷玉及其势力，连一些细枝末节也不愿放过了。

张廷玉确实年老体衰，难以支持了，他甚至起不了床。乾隆十四年（公元1749年），他只能每十天上一次朝，每隔四五天到军机处和乾隆帝见个面,作为顾问,在办公处坐一坐。但乾隆帝仍重申"恭奉遗诏,配享太庙,予告归里,谊所不可","臣子无可已之日,自应鞠躬尽瘁"。乾隆帝还专门派军机大臣前往张廷玉家中探视,以示关心。

眼看自己只剩下一口气了,张廷玉终于理解了父亲张英当年的选择。他实在是太想回到他朝思暮想的家乡了。为此他想了个不辞职、只回乡的迂回之计:他上书向乾隆帝申明,自己不是辞职,只是暂时回到桐城老家去,之后会在江宁等着喜欢"南巡"的乾隆帝前来,也算不辜负乾隆帝对他的"厚恩"。

这一次张廷玉能如愿吗?

第三节 太庙之争 天子震怒

据张廷玉次子张若澄及清宫医案记载,张廷玉到晚年"常患脾泄,久不得愈",御医刘裕铎曾向乾隆帝奏报:"奉旨看得大学士张廷玉系心脾虚弱,胃经微受客寒,以致腹胁作胀,夜间少寐,时或头晕心跳。"乾隆帝终于同意张廷玉回籍休养的请求,但在屡次拒绝乞休之请后,需要逻辑上的圆通。于是,乾隆帝颁发长篇谕旨,称"鞠躬尽瘁固臣子致身之谊,而引年尚齿亦圣人安老之仁",既维持此前论断,又使此次开恩合理化,挣足了皇帝的面子。不仅如此，乾隆帝还特意强调张廷玉要等到来年开春，再坐船从北京走运河回乡。心情不错的乾隆帝甚至还专门写了三首辞别诗，赐给张廷玉。张廷玉拿到乾隆帝几首并不友好的诗，心里起了疑惑，乾隆帝曾提出"岂有从祀元臣归田终老"，现在让自己退休，是不是不想给自己配享太庙的荣誉呢？

配享太庙是古代大臣的至高荣誉，历朝历代太庙都是皇家直系血脉的专门祭祀场所。按照儒家学派的理论，一般只有皇帝家族可以享此项殊荣。而且在汉代之前，一般的皇亲和血缘疏远的皇族都不配进入太庙，必须是皇帝的近亲或有大功于江山社稷的皇族，才能进入其中。

从三国时代曹魏开始，才将有大功于社稷的臣子的牌位放在太庙，和皇帝一起被后人祭祀。曹魏配享太庙的是夏侯惇、程昱这样的名臣，连曹操的重要谋士荀彧都因为"晚节不保"入不了太庙，之后配享太庙的臣子越来越少。

张廷玉此时已经不想生前事，只想着身后名。于是他做出了此生唯一一次不谨慎的事情，向乾隆帝提出想要一份正式诏书，确认自己能够在死后配享太庙。张廷玉面见乾隆帝时，彻底放下了平日的清高和小心，奏曰："前蒙世宗宪皇帝逾格隆恩，遗命配享太庙，上年有'从祀元臣不宜归田终老'之谕，恐身后不得蒙荣，外间亦有此议论。"史载他"免冠呜咽，请上一辞以为券"，流露出一副低下的乞恩讨赏的奴才相。但这种做法无疑体现了他对乾隆帝的不信任，甚至带有几分威胁的味道。

看着跪在面前的这个曾当过自己老师的老人，乾隆帝虽心中不悦，但也不好当面发火，只得耐心解释此前的说辞不过是"以示受殊恩者不可存为己娱老之意"，意在敲打其他妄图倚老卖老的官员，而"配享太庙"乃恭奉皇考遗命，已布告中外，张廷玉非有大罪，他怎会违背呢？

乾隆帝最终勉强答应了张廷玉的要求，在诏书中重申了雍正帝让张廷玉配享太庙的遗命，还加上明代刘基致仕后依然配享太庙的实例作为说明，同时将张廷玉比作自己的刘伯温，也可以被看作是对张廷玉的抬举。

按照惯例，皇帝给了臣子这么大的面子，臣子一定要在第二天亲自前往御前拜谢。可是第二天张廷玉实在起不来了，他之前上朝都是四五天去一次，连着两天起床，身体吃不消。自幼身体就不好的张廷玉只能派张若澄代替自己向乾隆帝谢恩。

张廷玉并未亲至宫门谢恩，而是遣子张若澄代奏，这引起了乾隆帝的强烈不满，命拟旨令张廷玉回奏。面对突然雷霆震怒的乾隆帝，军机处大臣傅恒和汪由敦都和张廷玉交好，立即出来劝解。汪由敦是雍正二年（公元1724年）进士，也是张廷玉的学生。他下朝后立即把皇帝的反应告诉老师。张廷玉听着学生的转述，心如死灰。自己实在是下不了床，但乾隆帝非要较这个真。第三天，张廷玉在儿子的搀扶下，缓缓走进他无比熟悉又无比陌生的养心殿,向乾隆帝请罪。

可张廷玉又错了,乾隆帝只是私下里对傅恒、汪由敦发火,并没有明发给张廷玉旨意问责此事。张廷玉的做法让乾隆帝更加恼怒。乾隆帝认为自己已经允许张廷玉休致,又确认了他配享太庙的资格,是"特恩外之特恩",张廷玉却"视若固有",不知感恩,置君臣大义于不问。张廷玉得到自己发火的消息一定是有人泄密!结果汪由敦因此获罪。接下来墙倒众人推,朝臣得知皇帝要整治张廷玉的消息,纷纷上书表示张廷玉有罪,不仅不能配享太庙,还应当立即将他革职查办。

一番折腾之后,乾隆帝从愤怒中冷静下来,又假惺惺地给了张廷玉一个天大的面子,没有取消他最在意的配享太庙的资格,只是削去了他的伯爵爵位。而对御史薛澄参奏张廷玉"诈伪负恩"予以发还,并斥责:"似此下石之谈,谁则不能?"其实这个处罚对张廷玉家族的影响比配享太庙更大,因为爵位可以由家人承袭,且有俸禄年金可以拿,是一种更加"实在"的荣誉。

张廷玉遭此重击,彻底心灰意冷,不再挣扎,也不再请求,一面养病,一面准备回乡。因为他的身体实在不适合长途旅行,返乡之旅被一拖再拖。直到乾隆十五年(公元1750年),张廷玉才向乾隆帝辞别,踏上了回乡之路。

临走前,张廷玉又碰了一个更硬的钉子——他在三月十二日陛辞,三月十五日就遇上皇长子永璜病故,于是到圆明园请安,哭临,陪祭如礼。一个月后,张廷玉再次奏请南还,此时乾隆帝的长子葬礼刚刚结束,这再度引起乾隆帝不满,由此张廷玉遭受第二次严谴。他的举动在乾隆帝眼里就是刻意与皇家作对。这接二连三驳皇帝的面子,后果十分严重,乾隆帝给了张廷玉一封配享太庙的臣子名单,让张廷玉自己考虑,他够不够资格配享太庙。张廷玉明白,他不可能自己说自己够资格配享,只能称自己在诸位先贤面前,只是一个宰相,不够资格进入太庙。但这还不算完,乾隆帝还专门把这件事交给大臣们商议,让他们评判张廷玉够不够格。面对皇帝的提问,大部分大臣自然异口同声要求取消张廷玉配享太庙的资格。乾隆帝更提出"张廷玉非但得罪于朕,抑且得罪皇考在天之灵","魏徵仆碑,事在身后;今张廷玉现在,更不待身后始有定论",甚至公开侮辱张廷玉,说他对朝廷毫无贡献,"如鼎彝古器,陈设座右而已",在乾隆帝眼中,张廷玉已是一件无用的摆设了。数日后,乾隆正式取消了张廷玉配享太庙的资格,再度指责张廷玉急于南归,"于君臣大义及平日师傅恩谊,恝然不以动心"。至此,乾隆帝的态度已十分明确,势必要剥夺张廷玉"配享太庙"的资格。

许多人包括《清史稿》的作者都认为,张廷玉确实是老糊涂了,才会在离开之前犯下一系列错误,最终导致自己被剥夺配享太庙的资格。其实,张廷玉所做的事情哪一件能称得上是错误呢？他只是想从乾隆帝这种朝令夕改的皇帝那里得到一个资格确认，换作其他皇帝，对这样一个历仕三朝的老臣之请必然应允。而一个七十多岁的老人，不能够到皇宫里谢恩，似乎也不值得深究。乾隆帝对张廷玉的种种责备，真是欲加之罪，何患无辞！

张廷玉在朝堂中长期任职，这种事情见得不少。当年康熙帝废黜胤礽的太子之位，有哪一条罪状站得住脚呢？雍正帝以"朝乾夕惕"为名，处罚年羹尧又有什么法理依据？乾隆帝如今一次次为难他，不放他回乡又有什么恩义可言？或许张廷玉已经看清楚了乾隆帝的目的：把配享太庙当成一个香饵放在自己面前，想要得到就必须死在北京，成全自己的"面子"。但张廷玉只想回乡，只想远离这个喧闹的京城，回到自己的故土。哪怕驳了皇帝的面子，毕竟他已经精力不济，在朝堂中多停留一日，便多一分彻底败亡的风险。

在失去了配享太庙的资格后，张廷玉终于回到了家乡桐城。张廷玉有一首诗，名为《山中暮归》，大概就是此时所作，极为符合他当时的境遇：

> 林端鸦阵横，烟外樵歌起。
> 疲驴缓缓行，斜阳在溪水。

为什么说符合他的境遇呢？从题目来看，迟暮之时，才得以归乡，行将就木的人依然要与朝中的"乌鸦"不停斗争。"疲驴"一词更是形象，一来代表他为大清王朝用尽心血，如一头不知疲惫的驴子；二来有暗讽乾隆帝"卸磨杀驴"的意思。

乾隆帝仍没有完全消气，张廷玉第三次遭受严谴，是因亲家朱荃匿丧受贿案牵连。乾隆十五年（公元1750年），监察御史储麟趾参奏四川学政朱荃匿母丧不报，并贿卖生员、勒索新生，罪迹累累。乾隆帝借此向张廷玉发难，称朱荃为吕留良、严鸿逵案内人，张廷玉"缮写谕旨皆出其手"，"公然与为姻亲"，雍正年间"必不敢如此"，且朱荃如此脏污狼藉，必是倚恃张廷玉，命张廷玉明白回奏，并追缴历来所赐物件。下面的人借机逢迎皇帝，把收缴物品变成了抄家查办，希望从张廷玉的文稿中找出一些悖逆文字，好把他彻底打倒。不过他们小看了这位历仕三朝的宰相，经过半个月的搜查，竟然没有找到只言片语的悖逆之词，又没有乾隆帝抄家的明诏，只得乘兴而来败兴而归，拿走了一应御赐物品，回京交差。

自此以后，张廷玉身边是彻底清静了，他终于在人生的最后几年享受了难得的平静。张廷玉在其后的数年乡居中，多次上奏祝皇太后万寿、贺皇子诞生、谢赏张若澄半年假、谢补授张若震湖北巡抚，折上均有乾隆帝御批："览。"张若澄在其父行述中记载："岁时具折请安贺节，俱蒙御笔批答，不异在京时。"

乾隆二十年（公元1755年）三月①，张廷玉在桐城家中安然辞世，享年八十四岁。得知张廷玉过世的消息后，乾隆帝以"皇考之命，朕何忍违？且张廷玉在皇考时，勤慎赞襄，小心书谕，原属旧臣，宜加优恤"为由，仍给予他配享太庙的资格，但又重申配享"非为臣子者所可要请"，"不得不示以薄谴，用申大义"。张廷玉卒时恰逢乾隆帝修正对官员乞休的看法，因此，乾隆帝对张廷玉违背"君臣大义"的指责在其身后发生明显转向，由批评张廷玉急欲休归改为责怪其邀求配享不合臣道。张廷玉是清代唯一一位拥有配享太庙资格的汉族大臣，但他在人生最后的那段岁月里一直为乾隆帝和他开的这个"玩笑"而遗憾。乾隆四十四年（公元1779年），乾隆帝追忆昔日，御制《怀旧诗》，将张廷玉与鄂尔泰、傅恒、来保、刘统勋并列为"五阁臣"。

乾隆帝登基之初视察太学时，曾与张廷玉讨论过如何在朝中恢复上古的"三老五更"之礼。所谓"三老五更"，出自《礼记·文王世子》，三老指的并非三个人，而是熟悉天、地、人的人才；五更指的是熟悉五行更替的人才。按照古人观点，这些都是有丰富经验的老人，所以后来代称值得皇帝尊重的老臣。为了

---

① 《清史稿·高宗本纪》中说张廷玉死于乾隆二十年四月，但《清史稿·张廷玉传》中说张廷玉死于乾隆二十年三月，此处采用《清史稿·张廷玉传》中的说法。

表示尊重，皇帝需要对被视为"三老五更"的老臣行父兄之礼。但张廷玉认为没有这样的人才，皇帝不需要也不能够对臣下行这样的礼。因为一旦有了一个自称可以疏通天地人，还能够掌握五行的人，那就会导致皇帝权威旁落。当年的乾隆帝听了张廷玉这一番议论，十分不屑，甚至因此对张廷玉生出了反感之情。到乾隆五十年（公元1785年），年已七十五的乾隆帝偶然看到张廷玉的旧作，才理解了当年张廷玉的一番苦心，好面子如乾隆帝，也不禁感慨："盖戊午朕方二十八岁，而戊戌则六十有八。此亦足验四十年间学问识见之效，而年少时犹未免有好名泥古之意。至今则洒然矣！兹观廷玉之议，与朕之说不约而同。"之后，他又叹曰："廷玉既有此卓识，何未见及朕之必不动于浮言，遵皇考遗旨，令彼配享太庙？而临休致归里时，乃有求入庙之请，此所谓'老衰而戒之在得'乎？朕又以廷玉之戒为戒，且为廷玉惜之。"作为一名三朝老臣，张廷玉似乎总要比皇帝多想一步。

或许这就是张廷玉一生的写照，他作为宰相、皇帝的影子，时时刻刻为皇帝着想，才获得了如此高的地位。当他唯一一次不想当影子，想回到家乡的时候，他才难得地展现了自己的真性情。作为得到三任皇帝认可的宰相，《清史稿》称赞张廷玉："庶政修举，宇内乂安，遂乃受遗命，侑大烝，可谓极心膂股肱之重矣。"可是对张廷玉自己而言，他似乎只有在雍正朝才被视为皇帝的股肱之臣。

历史上，声名显赫的文臣武将，特别是身居高位的大臣，最后得善终者并不多。张廷玉的结局算是比较完满的，他的成功给我们今人带来了诸多的启示：

其一，打铁还需自身硬。张廷玉纵横朝堂五十载，"历仕三朝，遭逢极盛"，最后还能获得其他汉族官员无法享受到的殊荣和礼遇，主要原因便是张廷玉受家庭熏陶，从小就饱读诗书，为官后更是养成了每日必读书的好习惯，其好文笔与此有很大关系。他一生都与文字打交道，一生都在不断地提高自身文化修养。扎实的文化功底是张廷玉成功的基石。

其二，做事要勤勤恳恳、脚踏实地，遵循少说话、多做事的原则。很多人急功近利、眼高手低，只想获得却疏于付出，或者总想通过捷径获得成功，结果往往一败涂地。张廷玉的成功告诉我们，勤恳、踏实做事才是成功之基。作为皇帝的信臣，张廷玉职务繁多，工作强度很大。白天，他要完成皇帝交办的各项事务，拟奏折、处理公文、传达御旨等，几乎没有休息时间。晚上回家还经常秉烛完成白天未完之事，想好明日待办之事。即使已经就寝，如果突然想到某事某稿不妥，张廷玉都会立即下床拿笔更正，直到满意为止。从中可以看出，张廷玉处理公务时会严格要求自己当日事当日毕，而且追求更完美的结果。雍正帝不止一次地称赞，张廷玉一天所办的事情，他人十天也办不了，这是对他勤恳为公的最高肯定。少说话、多做事，才能获得成功。

而且张廷玉信奉一句名言，叫"万言万当，不如一默"。他深知为官之道，言多必失，少说多做是他的保身之术。他处处以皇帝的意志为主导，默默做事，从不张扬，事成归主。皇帝对他施恩，他就谦退；对他褒奖，他必相让。张廷玉为官几十年，很少介入是非。这样的仆臣，皇帝自然喜欢，用起来也放心。

其三，待人接物要谦和、谦逊。张廷玉身居高位，待人接物依然保持着谦逊的态度，修养功夫确实不同凡响。历史上很多权臣多因权力过大、态度狂妄而惹祸上身。张廷玉的成功告诉我们，智者永远谦逊待人。淡泊名利、宁静致远是许多有识之士恪守的座右铭。能够看淡世事无常，静观花开花落，并不是一件容易的事，它需要很高的修养和风度。张廷玉做到了，所以他成功了。淡泊名利、宁静致远，并不是消极逃避的处世态度。在物欲横流的今天，我们要使自己多一分清醒、多一分思考，从而抵御诱惑、控制欲望，经受压力、承受痛苦，怀着一种淡然恬静的心态去追求人生理想，像张廷玉一样努力实现自己的人生价值。